Tomatenfest

11. 8. 2013

Alles Liebe

Heidi

cocon

Wenn nicht anders angegeben, sind die Rezepte für vier Personen berechnet. Durch die unterschiedliche Beschaffenheit der Zutaten sowie die unterschiedliche Leistung der Kochfelder (Elektro-oder Gasherd, Ceranfeld, Induktionsherd) und Backöfen können die Mengenangaben und Garzeiten nur ungefähre Angaben sein.

SUSANNE REININGER
BUNT UND GESUND
ALLES MIT TOMATEN

Fotos von
MARKUS KIRCHGESSNER

Gestaltung:
Manfred Nachtigal

Cocon Verlag Hanau
In den Türkischen Gärten 13
63450 Hanau
www.cocon-verlag.de
ISBN 978-3-86314-233-9

Susanne Reininger & Markus Kirchgessner

BUNT UND GESUND

Alles mit

TOMATEN

Die besten Rezepte

Mit vielen Tipps rund um das beliebteste Gemüse der Welt

cocon

INHALT

68

Über die Begeisterung für Ochsenherzen, Bananenbeine und Schwarze Prinzen

„Finger weg!“ steht auf dem kleinen Schild mitten in einem vielfarbigen Tomatenmeer – von Schneeweiß, Zitronengelb und Orange über Grasgrün und Violett bis Rotbraun. Eine Warnung an Langfinger? Aber wo soll ich den „Mundraub“ verstecken, wie der Diebstahl von Essbarem in der Juristensprache heißt? In meiner Jackentasche? Zwischen meinen Einkäufen im Rucksack? Die Beute wäre im Nu zerdrückt und im schlimmsten Falle Matsch. Denn die Tomate ist eines der empfindlichsten Gemüse. Deshalb „Finger weg!“ – Anfassen verboten! An diesem Samstagmorgen auf dem Offenbacher Wochenmarkt habe ich gelernt, mit respektvollem Abstand auf die Tomatensorte meiner Wahl zu deuten.

Zuvor war ich ein bekennender Nichtesser des sensiblen Nachtschattengewächses, das meiner Erfahrung nach rot, rund und fade war: eine aromatische Nullnummer, die bestenfalls grasig-bitter schmeckte, ein „holländischer Wasserspeicher“. Doch an jenem Tag war ich reif für die kulinarische Offenbarung. Meine Überzeugung „Tomaten mag ich nicht!“ ließ Marktfrau Heidi Jung nicht gelten und konterte: „Mädsche, schwätz net, erst wird probiert!“ Sie hält mir ein Stück Ochsenherz-Tomate entgegen. Ich beiße in herzhaftes Fruchtfleisch mit saftig-süßem Aroma. Heidi und das Ochsenherz bekehren mich auf der Stelle: So gut können Tomaten schmecken? Ich kuriere meine Phobie mit fünf prallen Papiertüten, weil ich mich einfach nicht entscheiden kann zwischen „Chocolate Stripes“, „Banana Legs“, „Black Prince“, dem „Tanz mit Schlümpfen“ und all den anderen Sorten, deren exotische Namen auf den kleinen Schildern zu lesen sind. Gärtnerin Jung beschriftet in dieser Saison fast 140 Schildchen, deren Namensträger fast ebenso viele Farbnuancen und die unterschiedlichsten Geschmacksrichtungen aufweisen.

Lauter kleine kulinarische Reisen rund um die Welt: Die „Banana Legs" zum Beispiel ist eine Neuheit aus Australien, die Samen der „glick 18" wurden im Mittleren Westen der USA gezüchtet, die „gregoris altai" stammt aus Polen.

In den Sommermonaten, von Juni bis September, ist Heidis riesiges Tomatenuniversum an ihrem Marktstand versammelt. Doch wer in der Saison erst nach elf Uhr vorbeischaut, steht vor fast leeren Körben. Denn die Kunden kommen scharenweise zum Staunen, Probieren und Mitnehmen. So wie ich, als ich zum ersten Mal vor Heidis Tomatenmeer stand. Seitdem bin ich süchtig nach Tomaten grown by Heidi.

„Andere gehen in die Stadt Schuhe kaufen, ich schaue in Samengeschäften nach neuen Tomatensorten", beschreibt sie ihr ungewöhnliches Hobby. Angefangen hat Heidis Leidenschaft im Jahr 2007, als sie zum ersten Mal gelbe Tomaten anbaute. Ein Jahr später legte sie sich einen Computer zu und gab „Tomaten" in eine Suchmaschine ein. „Ich hab' dann einfach Samen aus allen möglichen Teilen der Welt bestellt, weil ich ausprobieren wollte, welche Sorten auch hier in der Region wachsen können." Der Versuch war mehr als erfolgreich: Fast alle Sorten gediehen prächtig unter Heidis „rotem Daumen". Jahr um Jahr wuchs ihr Tomatenuniversum von einem Dutzend bis hin zu weit über 100 verschiedenen Sorten. „Kein anderes Gemüse bietet diese unglaubliche Sorten- und Geschmacksvielfalt", sagt die Gärtnerin aus dem Frankfurter Stadtteil Oberrad, der nur einen Katzensprung vom Offenbacher Wochenmarkt entfernt ist. Dort verkauft sie in vierter Generation erntefrisches Gemüse aus ihrer Familiengärtnerei.

„Tomaten musst du mit Hingabe pflegen!", kommentiert Heidi Jung ihren Ruf als ungekrönte hessische „Tomatenkönigin". Ihr Hobby erfordert viel Zeit, Geduld und Fingerspitzengefühl.

„Tomatenpflanzen brauchen einen guten, humusreichen Boden mit Spurenelementen wie Kalium, Magnesium und Kalzium. In den ersten drei bis vier Wochen bloß nicht düngen. Höchstens mit etwas Hornspänen und auf keinen Fall mit Stickstoffdünger, der geht ins Blatt, aber nicht in die Frucht", weiß Heidi und ergänzt: „Als organischen Dünger verwende ich auch Steinmehl. Das verbessert den Boden und das Eigenaroma der Tomaten."

Aus Heidis Know-how und meiner Experimentierfreude als leidenschaftlicher Gerneköchin ist dieses Buch entstanden. Im Laufe einer Tomatensaison habe ich mehr als 70 Kilo Paradiesäpfel verarbeitet, um sie in Salate, Suppen, köstliches Fingerfood, Gerichte mit und ohne Fleisch, Brot, Kuchen und Desserts zu verwandeln. Ich habe über 100 Rezepte entwickelt, verfeinert oder zurück in die Gegenwart geholt, wie zum Beispiel die gefüllten „Tomaten im Retro-Look". Über 90 der besten sind auf den folgenden Seiten versammelt: Rezepte, in denen Tomaten stets die aromatische Hauptrolle spielen – ob gebacken, im Ofen getrocknet, püriert, geschmort oder einfach pur. Dass die Gerichte überwiegend vegetarisch sind, hat sich einfach so ergeben.

Auf 200 Seiten wollen wir Ihnen Lust auf Tomaten machen und zeigen, wie vielfältig dieses Gemüse ist. Erfahren Sie Wundersames und Wissenswertes über die Welt der Tomaten, erproben Sie Heidis Profi-Tipps für die bestmögliche Zubereitung der sensiblen Früchtchen, kochen und genießen Sie einfach!

Viel Spaß beim Entdecken und Essen!

Susanne Reininger

Zwischen April und Mai bereitet Gärtnerin Heidi Jung Tomatensetzlinge zum Einpflanzen vor. Über 140 Sorten sind es in diesem Jahr. Nicht am Mittelmeer, sondern mitten in Hessen baut die Frankfurterin Heidi ihre Tomaten an. Bevor sie die Setzlinge pflanzt, unterzieht sie jedes Exemplar einer akribischen Qualitätskontrolle.

In Heidis Tomatenuniversum im Frankfurter Stadtteil Oberrad gedeihen rund 10 000 Pflanzen, die in elf Gewächshäusern untergebracht sind. Jedes einzelne Pflänzchen hat sie aus Saatkörnern selbst gezogen. Jeden Setzling pflanzt sie eigenhändig, Reihe um Reihe. Unzählige Fäden spannt sie, an denen die Pflanzen in die Höhe wachsen können.

Während der zehn- bis zwölfwöchigen Kulturzeit, in der die Früchte heranreifen, müssen die Triebe täglich gepflegt werden. Zehn Tage dauert es, bis die Gärtnerin ihre Arbeit in den Gewächshäusern verrichtet hat, um dann wieder von vorne zu beginnen. Eine Sisyphusarbeit, „aber ich liebe sie, die Tomaten sind meine Babys", lacht sie. Ihr Mann Reiner, der mit ihr zusammen die Familiengärtnerei leitet, schmunzelt über Heidis Spruch.

Endlich Erntezeit: „Damit meine Tomaten gut gedeihen, brauchen sie viel Kraft. Deshalb muss ich die Pflanzen regelmäßig ausgeizen. Sonst bilden sich zu viele Triebe aus, dann bleiben die Früchte klein und unreif", erklärt die Tomatenexpertin, während sie mit geübtem Griff das störende Grün entfernt und behutsam die reifen Früchte abpflückt.

„Es fasziniert mich, was sich aus einem kleinen Tomatensamen entwickeln kann", schwärmt Heidi. Die große Leidenschaft der Frankfurter Gärtnerin begann ganz klein: „Auf dem Wochenmarkt habe ich mal einen Setzling gekauft, der gelbe Früchte tragen sollte. Dann habe ich eine interessante Sorte nach der anderen entdeckt, seitdem bin ich verrückt nach Tomaten."

Paradiesäpfel aus allen Erdteilen gedeihen in Heidis Gewächshäusern. Auch die Kunden des Offenbacher Wochenmarkts wissen um ihre Leidenschaft. In der Reifezeit von Juni bis September kommen bei ihrer Kundschaft fast jeden Tag Oberräder Tomaten auf den Tisch – mit diesem Kochbuch nun jedes Mal anders zubereitet.

REZEPTE

TOMATE ZUM LÖFFELN

TOMATE ZUM REINBEISSEN

TOMATE ZUM GABELN

SALATE

GEMÜSE

FISCH & FLEISCH

Von Konserven, Kernen und Kneipchen

Tomaten, die in unseren Breitengraden reifen, sind je nach Wetterlage von Mai bis Oktober zu haben. In den Winter- und Frühlingsmonaten werden sie aus Übersee und beheizten Treibhäusern europäischer Nachbarn importiert. Das macht Tomaten nicht nur wesentlich teurer: Der Import geht auch auf Kosten der Umwelt. Sogar Tomaten mit Bio-Siegel werden rund um den Globus transportiert, bis sie in unserem Einkaufskorb landen. Die bessere und gesündere Alternative sind Tomaten aus der Konserve. Denn Dosentomaten, die in südlicher Sonne ausreifen durften, enthalten mehr Vitamine als neue Frühlingsware. Und bei vielen unserer Rezepte, zum Beispiel Suppen, Saucen oder Sorbets, lassen sich mit konservierten Tomaten sogar einige Zubereitungsschritte sparen. Übrigens: Die beste Sorte im Blechmantel ist die San Marzano aus Süditalien, eine längliche, eiförmige Tomatenart.

Die Kernfrage

Sollte man Tomaten entkernen – ja oder nein? Die Antwort lautet Jein – es kommt ganz darauf an und ist eben auch Geschmackssache. Wer zum Beispiel Tomaten für eine Bruschetta würfelt, sollte die Kerne bei diesem Arbeitsschritt gleich mit entfernen. So weichen die Würfel nicht die Brotscheiben auf und rutschen nicht so leicht herunter. Damit gemischte Salate nicht zu wässrig werden, sollte man bei großen Tomaten lieber die Kerne entfernen oder am besten gleich zu Fleischtomaten oder Flaschentomaten greifen. Diese haben im Vergleich zu runden Tomaten etwas weniger Kerne. Bei Suppen und Saucen, die lange einköcheln, muss man die Kerne und das wabbelige Innere nicht entfernen. Kirschtomaten, auch Cocktailtomaten genannt, muss man nur in seltenen Fällen entkernen – etwa für unser Tomatentiramisu.

Auf Messers Schneide kommt's an

Den richtigen Schnitt verpasst man der Liebesfrucht übrigens mit einem kleinen, scharfen Messer mit Wellenschliff, das zum Gemüseschneiden verwendet wird. In Hessen bezeichnet man ein solches Messer auch als Kneipchen.

Wenn man Tomaten quer zum Strunk schneidet, haben die Kerne genug Halt am Tomatenfleisch und fallen nicht heraus. Außerdem kommt die schöne Struktur bei Tomatensorten wie Ochsenherz oder Zahnrad besonders gut zur Geltung.

10 rote Gebote – Tipps & Tricks rund um die Tomate

Tomaten vertragen keine Kälte!

Sie sollten nicht unter zehn Grad Celsius gelagert werden. Sie gehören deshalb auch nicht in den Kühlschrank. Tomaten am besten bei Zimmertemperatur (bis zu 16 Grad Celsius) an einem dunklen Platz aufbewahren.

Tomaten nicht mit anderem Gemüse oder Obst lagern!

Tomaten scheiden das natürliche Reifegas Äthylen aus. Das lässt zum Beispiel Salatgurken, Avocados oder Melonen, Kiwis und Bananen schneller reifen und damit auch schneller verderben.

Tomaten nicht über längere Zeit luftdicht aufbewahren!

Denn das natürliche Reifegas der Tomaten wirkt in einem geschlossenen Behälter noch intensiver und lässt die Früchte zu schnell reifen (Überreife). Tomaten aus dem Supermarkt deshalb zu Hause aus der Verpackung nehmen und offen in einer Schüssel oder einem Korb lagern.

Ein gezacktes Messer zum Schneiden verwenden!

Mit einem sogenannten Gemüsemesser rutscht man beim Tomatenschneiden nicht von der glatten Schale ab und kann auch sehr feine Scheiben schneiden.

Tomatenscheiben bleiben am besten in Form,

wenn man sie quer zum Stielansatz schneidet. Dazu die Tomate so drehen, dass sich der Strunk seitlich befindet. Dann die Tomate in Scheiben schneiden. So bleibt auch das Tomatenfleisch in Form.

Raus mit dem grünen Stielansatz (Strunk)!

Vor dem Verzehr sollte der Tomatenstrunk entfernt werden. Denn er enthält den Giftstoff Solanin, der auch in unreifen, noch grünen Tomaten steckt. Die Menge im Stielansatz ist zwar sehr gering und nicht gesundheitsschädlich. Solanin kann aber in höherer Dosis Kopfschmerzen verursachen. Und so wird's gemacht: Das Fruchtfleisch um den Stielansatz herum keilförmig einschneiden und den Strunk herauslösen.

Unreife, grüne Tomaten reifen am besten nach,

wenn man sie einzeln in Zeitungspapier wickelt. Wer aus dem eigenen Garten gleich mehrere Pfund geerntet hat, kann die Tomaten in einer mit Papier ausgelegten Obstkiste an einem schattigen Ort reifen lassen.

Weiche Tomaten lassen sich besser schneiden,

wenn man sie zehn Minuten in eine Schüssel mit eiskaltem Wasser legt.

Mehr Aroma mit Zucker!

Eine Prise Zucker mildert die Säure der Tomaten und verstärkt deren Eigengeschmack. Einfach eine Prise beim Kochen dazugeben oder auf die Tomatenscheiben streuen.

Tomaten enthäuten und entkernen – so einfach geht's:

Tomaten kreuzweise am Strunk einritzen und in einer Schüssel mit kochendem Wasser übergießen. Nach 1–2 Minuten lässt sich die Haut ganz leicht abziehen. Danach Tomaten halbieren und mit dem Daumen die Kerne herausdrücken. Dann den Strunk entfernen und die Tomate nach Anleitung weiterverarbeiten. Man kann rohe Tomaten auch mit einem speziellen Tomaten- oder Gemüseschäler schälen. Allerdings klappt das nur bei Sorten mit fester Haut oder Schale.

Welcher Wein passt?

In vielen Koch- und Weinbüchern ist zu lesen, Tomaten seien zum Wein so wenig geeignet wie Apfelessig. Aber das ist nur die die halbe Wahrheit: Es kommt auf die Art der Zubereitung und die Wahl des richtigen Weins an. Tomaten enthalten viel Süße, was die feinen Fruchtaromen des Weins überdeckt. Sie haben zudem viel Säure, was die Säure des Weins massiv verstärkt. Dazu kommen intensive Bitternoten, die die bitteren und herben Bestandteile des Weins am Gaumen explodieren lassen, wie ein Selbstversuch zeigte. Hier die wichtigsten Tipps!

Beziehungstest I: Wein & Tomate, roh
Je mehr Säure und Bitternoten ein Wein enthält, umso weniger passt er zu Tomatengerichten. Rotweine mit kräftigen Gerbstoffen wie junge Spätburgunder schmecken staubig und scharf. Auch die Bonbonsüße und kräftige Säure eines Rosé werden zum Super-GAU: Am Gaumen breiten sich metallische Schärfe und fiese Bitternoten aus. Rosé geht gar nicht mit rohen Tomaten. Ohne Wenn und Aber.

Weißburgunder und knackiger, junger Riesling eignen sich ebenfalls nicht: Die Zartheit des Weißburgunders mit seinen Apfel- und Mandelnoten wird von den Tomatenaromen eliminiert. Ein mineralischer Riesling schmeckt mit rohen Tomaten sauer und bitter. Der fränkische Silvaner hingegen schafft ein Unentschieden: nicht perfekt, aber auch kein Unfall im Gaumen.

Ein anständiger Champagner harmoniert überraschend gut mit Tomatenscheiben. Seine Toastnoten ergänzen schön die Süße der Tomaten. Kommen, wie beim Tomatensalat, noch Essig und Zwiebeln hinzu, ist es aber vorbei mit der Harmonie.

Beziehungstest II: Wein & Tomate gekocht, geschmort, gegrillt
Wird eine Tomatensauce eingekocht, verliert sie an Säure. Die Bitternoten und vor allem die Süße werden präsent. Dazu passen sehr gut Rotweine mit Kräuteraromen, mit dunklen Tönen und gerundeten Gerbstoffen. Richtig gut sind hier italienische Weine, die aus den Rebsorten Sangiovese oder Montepulciano produziert worden sind, und nicht zu junger Chianti Classico, der überwiegend aus Sangiovese besteht. Doch Achtung: Italienische Weine mit wuchtigen Gerbstoffen wie Barbaresco oder Brunello können es Tomaten verdammt schwer machen. Ziemlich selten passt auch Bordeaux: Die grün-gemüsigen Noten, die knackige Säure und die intensiven Bittertöne beißen sich mit der Tomatensauce. Ähnliches ist vom Burgunder zu berichten. Recht gut harmonieren Weine aus der Rebsorte Merlot mit ihrer meist zarten Säure und mild-eleganten Bitternoten. Beim Weißwein bleiben Weiß- und Grauburgunder aus dem Stahltank schwierig, aber gute Weine dieser Rebsorten aus dem Holzfass passen recht ordentlich, ebenso Riesling mit zwei bis drei Jahren Reife. Silvaner und Champagner bleiben lebendig und frisch.

Weine aus der Neuen Welt wie Südafrika, Argentinien, Chile, Neuseeland oder Australien werden oft aus Cabernet Sauvignon erzeugt und im Holzfass ausgebaut. Diese meist sehr konzentrierten Aromen sowie die intensiven, kantigen Gerbstoffe sind mit Tomaten schwierig. Ein harmonischer Partner stammt dagegen aus Deutschland: Der herzhafte Lemberger aus Württemberg passt mit seinen Kräuteraromen so gut zu Tomaten wie ein Chianti Classico. Ein Pfälzer Rotwein der Rebsorte Regent ist mit seinen Kräuternoten ebenfalls ein guter Begleiter.

Tipp: Wer sich bei der Auswahl nicht sicher ist, kann sich an eine einfache Regel halten: Je mehr Wärme ein Rotwein ausstrahlt, umso besser passt er. Je mineralischer er geprägt ist, umso weniger. Und zu Wein ist das Entkernen von Tomaten eine Pflicht!

Vielfalt der Tomaten

1 **ZAHNRAD** Quer aufgeschnitten, hat die würzige Flaschentomate die Form eines Zahnrads. Sehr lecker für Salate und Caprese.

2 **AMISH GOLD** Die kleine Flaschentomate hat ein saftig-süßes Fruchtfleisch.

3 **GELBE PAPRIKATOMATE** Die an Spitzpaprika erinnernde Tomate schmeckt herb-süß.

4 **BELRICCIO** Die aromatisch-süße Fleischtomate ist in der italienischen Küche ein Klassiker für Pizza- und Pastasaucen.

5 **SCHIMMEIG CREG** auch „striped rock" genannt. Der Name dieser rot-gelb-orange gestreiften Sorte ist keltischen Ursprungs. Das rote Fruchtfleisch ist sehr mild.

6 **MINI SAN MARZANO** Prima zum Knabbern. Das intensive Tomatenaroma kommt am besten in selbstgemachtem Ketchup zur Geltung.

7 **DATTELTOMATE** Die ideale Snack-Tomate für kleine und große Gemüsefans. Das Fruchtfleisch ist fruchtig-süß, die Schale dünn, aber robust.

8 **SAN MARZANO** Die große Schwester der Mini San Marzano und die klassische Grundlage für aromatischen Sugo.

9 **ZEBRINO** Das vitaminreiche Naschgemüse kommt besonders bei Kindern gut an. Die köstliche Snack-Tomate mit festem Fruchtfleisch ist auch ideal für Pfannengerichte.

10 **OCHSENHERZ** Die herzförmige Fleischtomate ist eine der besten Tomatensorten und das Original für Insalata Caprese mit Büffelmozzarella und Basilikum. Zum Grillen, als Salat oder als Sugo.

11 **ORANGINO** Die fruchtig-süße Snack-Tomate macht sich bestens in gemischtem Salat oder, in hauchdünne Scheiben geschnitten, als Tomatensalat.

12 **VALDESSA** Die kräftig-aromatische Rundtomate kann man einfach so knabbern oder zu einem Sugo einkochen.

TOMATE ZUM LÖFFELN

Nichts ist so banal wie eine Tomatensuppe? Stimmt, wenn sie als Fertiggericht aus der Tüte kommt. Wer aber auf Aromastoffe und Geschmacksverstärker aus dem Lebensmittellabor verzichten will, der wird staunen: Denn mit frischen Tomaten, den passenden Zutaten und nur wenigen Handgriffen lassen sich die feinsten Suppen aus der Liebesfrucht zubereiten. Für dieses Kapitel haben wir die ungewöhnlichsten Ideen zum Löffeln ausprobiert und die elf besten ausgesucht: vom cremigen Smoothie und fein-aromatischen „Grünen Tomaten on the Rocks" für heiße Sommertage über süßsaure „Tomatenfrüchtchen mit Kokos" bis hin zum herzhaften „Wintermärchen" mit Wursteinlage.
Da findet jeder seine Lieblingslöffelei!

Die Geschmacksverstärker

Tomatiger kann eine Tomatensuppe nicht schmecken: Das vorherige Schmoren im Ofen mit Olivenöl und Honig verstärkt das Aroma der Tomaten. Dadurch wird diese Suppe zum absoluten Geschmackserlebnis.

2–2,5 kg gemischte Tomaten
4 Stängel Basilikum
4 Stängel Petersilie
4 Zweige Thymian
4 Knoblauchzehen
1 EL frischer Zitronensaft
1 Büffelmozzarella
2 Scheiben Bauernbrot
1 EL Fenchelsaat
10 EL Olivenöl
2 EL Butter
3 EL dünnflüssiger Honig
1 Prise brauner Zucker
1 Prise Fleur de Sel
Salz und Pfeffer nach Geschmack

Tipp: Wer keinen Honig mag, kann ihn durch eine Prise Bourbon-Vanille ersetzen. Vanille intensiviert den Eigengeschmack der Tomate.

Backofen auf 170 Grad (Umluft 150 Grad) vorheizen. Tomaten halbieren und mit der Schnittfläche nach oben in eine große Auflaufform oder ein Backblech legen. Kräuter waschen und mit Küchenpapier trocken tupfen. Knoblauch häuten, vierteln und die Stücke leicht drücken. Knoblauch mit dem Thymian gleichmäßig über den Tomaten verteilen. 6 EL Olivenöl und den Honig zu einer Marinade verrühren und über die Tomaten träufeln. Mit Salz und Pfeffer aus der Mühle würzen.

Tomaten im Ofen auf mittlerer Schiene etwa eine Stunde schmoren. Inzwischen die Blätter von den restlichen Kräuterzweigen zupfen und hacken. Fenchelsaat in einer Pfanne fettfrei anrösten (Vorsicht, darf nicht anbrennen!), abkühlen lassen und im Mörser grob zerstoßen. 4 EL Olivenöl und Zitronensaft verrühren. Kräuter und Fenchelsaat dazugeben. Mit Salz, Pfeffer und Zucker abschmecken.

Bauernbrot würfeln und mit 2 EL Butter in einer kleinen Pfanne goldbraun anrösten. Abkühlen lassen und mit Fleur de Sel bestreuen.

Nach Ende der Garzeit die Tomaten aus dem Ofen nehmen und mit der Marinade durch ein Küchensieb streichen. Die Essenz in einem Kochtopf auffangen und mit 300 ml Wasser auffüllen. Die Suppe kurz aufkochen und abschmecken. Mozzarella abtropfen lassen und würfeln. Die Suppe in tiefe Teller verteilen, mit Brot- und Mozzarellawürfeln dekorieren.

Tomatensuppe mit Graupen und Bohnen

Die weißen Bohnen, Fagioli Bianchi, verleihen der Suppe einen herzhaften Biss. Man bekommt sie im Supermarkt und in türkischen oder italienischen Lebensmittelläden.

1 kg reife Aromatomaten
1 Stängel Petersilie
1 Zweig Basilikum
2 Selleriestangen
3 Knoblauchzehen
1 weiße Zwiebel
70 g Parmesan, frisch gerieben
300 g weiße Bohnen (aus der Dose)
150 g Graupen (Gerstenkörner)
70 g Parmesan, frisch gerieben
2 Würfel Hühner- oder Gemüsebrühe
150 ml trockenen Weißwein
Salz und Pfeffer nach Geschmack

Tomaten enthäuten, halbieren, Strunk und Kerne entfernen, das Fruchtfleisch grob würfeln. Sellerie abbrausen und in schmale Streifen schneiden. Zwiebeln und 2 Knoblauchzehen schälen und fein würfeln, Brühwürfel in 1 l kochendem Wasser auflösen. Graupen mit warmem Wasser abspülen, mit der Brühe, Sellerie, Zwiebeln, Knoblauch und den Tomaten in einen Suppentopf geben, etwa 20 – 25 Min. zugedeckt köcheln lassen.

Bohnen in einem Sieb abtropfen lassen, mit dem Wein zur Suppe geben und weitere 10 Min. köcheln lassen. In der Zwischenzeit die Kräuter abbrausen, trocken tupfen und fein hacken. In einer kleinen Schüssel mit dem geriebenen Parmesan vermischen.

Am Ende der Garzeit die Suppe mit Salz und Pfeffer abschmecken, auf tiefe Teller verteilen und mit Kräuterparmesan bestreuen.

Grüne Tomaten on the Rocks

Eine sehr dekorative Vorspeise für Gäste und eine herrlich erfrischende kalte Suppe an heißen Sommertagen.

2 kg reife grüne Tomaten (z. B. Green Zebra, Tasty Evergreen)
1 kleine Salatgurke
1 Avocado
1 Zweig frischer Estragon
1 Knoblauchzehe
1 EL frischer Zitronensaft
2 EL Olivenöl
1 EL Sherry-Essig
2–3 Handvoll Eiswürfel oder Crushed Ice
Salz und Pfeffer nach Geschmack

Tomaten und Estragon waschen, Kräuterblättchen abzupfen. Eine Tomate als Deko beiseitelegen. Bei den restlichen Tomaten den Strunk herausschneiden und das Fleisch grob würfeln. Knoblauch häuten und würfeln. Olivenöl in einem Topf erhitzen, Knoblauch und Tomaten hineingeben, 5–10 Min. köcheln lassen.

Salatgurke schälen und in Würfel schneiden. Mit dem Estragon und den Tomaten in eine hohe Schüssel geben und mit einem Stabmixer pürieren. Die Tomatenmischung nach Geschmack mit Sherry-Essig, Salz und frischem Pfeffer würzen, mit Folie abdecken und 3 – 4 Stunden in den Kühlschrank stellen.

Kurz vor dem Servieren die beiseitegelegte Tomate häuten, entkernen und in kleine Würfel schneiden. Avocado schälen, halbieren und den Kern entfernen. Das Fruchtfleisch fein würfeln, in ein Schüsselchen geben und mit Zitronensaft marinieren. Kräuter aus der Tomatenessenz fischen, diese noch mal nach Gusto abschmecken. Vier kleine Glasschalen auf Suppenteller stellen und mit Eis ummanteln. Tomaten- und Avocadowürfel auf die vier Schälchen verteilen und die kalte Suppe darübergießen.

Tipp: Dazu schmecken Mini-Mozzarellabällchen!

Tomatenfrüchtchen mit Kokos

Diese fruchtig-süße Tomaten-Bananen-Suppe steht bei Heidis kleinem Sohn Laurens ganz oben auf der Leckerschmeckerliste. Wenn kleine oder große Suppenkasper keine Bananen mögen, kann man sie durch reife Pfirsiche oder Aprikosen ersetzen.

1,5–2 Kilo Fleischtomaten
2 Bananen (nicht zu reif) oder 1 Kochbanane
1 Zweig Basilikum
1 Gemüsebrühwürfel
½ Handvoll Kokosraspeln
1 Prise mildes Paprikapulver
2–3 EL Tomatenmark
1 EL Olivenöl
1 Prise Zucker
Salz und Pfeffer nach Geschmack

Tomaten enthäuten und halbieren. Strunk und Kerne entfernen und das Fruchtfleisch würfeln. Kokosraspeln in einer fettfreien Pfanne leicht anrösten. Basilikum abbrausen, Blättchen abzupfen und klein schneiden. Bananen schälen und in Scheiben schneiden. Brühwürfel in ½ l kochendem Wasser auflösen.

Olivenöl in einem Kochtopf erhitzen, Tomaten zugeben und die Brühe angießen. Tomatenmark einrühren und 10 Min. köcheln lassen. Mit Paprikapulver, Zucker, Salz und Pfeffer abschmecken. Bananenscheiben und Kokosraspeln zugeben. Die Suppe weitere 5 Min. köcheln lassen.

Basilikumblätter in die Suppe geben und mit einem Stabmixer pürieren. Noch mal kurz aufkochen und servieren.

Katerkiller

Zugegeben: Bei diesem Rezept spielt der Löffel nur eine Nebenrolle. Im akuten Notfall wird der Klassiker unter den Katerkillern bei Kopfschmerz und Unwohlsein aufgrund von zu reichlichem Alkoholgenuss einfach getrunken statt vornehm gelöffelt. Aber auch ohne Kater erfrischt dieser promillefreie Drink wunderbar.

300 ml Tomatensaft
4–5 Blättchen frische Minze
1 Bio-Zitrone
Worcestersauce
Tabasco
Eiswürfel oder Crushed Ice
Salz und Pfeffer nach Geschmack

Zitrone heiß abwaschen, halbieren und eine Hälfte auspressen. Etwa 30 ml Zitronensaft in einen Shaker füllen, dazu Tomatensaft, einige Spritzer Worcestersauce, einen Spritzer Tabasco sowie Salz und Pfeffer nach Geschmack. Eine Handvoll Eiswürfel oder Crushed Ice dazugeben und etwa 15 Sekunden lang schütteln. Danach den Inhalt in ein stabiles Longdrinkglas füllen, mit einer Scheibe Zitrone und Minze dekorieren. Einen langen Löffel ins Glas geben sowie Salz und Pfeffer zum Nachwürzen bereitstellen.

Tipp: Die Deko-Minze kann auch gegen die klassische Selleriestange ausgetauscht werden. Zum klassischen Original gehört dann aber auch ein Tumbler- oder Whiskeyglas.

Rot-grünes Glück

Diese Paarung ist einfach perfekt – zumindest kulinarisch. Die Säure der Tomaten wird durch das Olivenöl und das intensive Aroma des frischen Basilikums harmonisch ausbalanciert.

2 kg reife Aromatomaten
2 Stängel Basilikum
2 Knoblauchzehen
4 EL grünes oder rotes Pesto
1 Hühnerbrühwürfel
4 EL Olivenöl
1 EL Balsamessig (Aceto Balsamico)
Salz und Pfeffer nach Geschmack

Tomaten häuten, halbieren, Strunk und Kerne entfernen, das Fruchtfleisch in Würfel schneiden. Knoblauch häuten und klein würfeln. Basilikum abbrausen, Blätter abzupfen und klein schneiden.

2 EL Öl, Knoblauch, die Hälfte des Basilikums und Pfeffer miteinander verrühren. Brühwürfel in ½ l kochendem Wasser auflösen. 2 EL Öl in einem Topf erhitzen, Tomaten darin kurz andünsten, Brühe und Knoblauch-Öl-Mischung zugeben und 45–60 Min. köcheln lassen. Dabei mehrmals mit einem Kochlöffel verrühren.

Die Tomaten, die Brühe und die Knoblauch-Öl-Mischung in einem Topf zum Kochen bringen, Hitze reduzieren und die Suppe offen etwa eine Stunde köcheln lassen. Das restliche Basilikum und Essig unterrühren, mit Salz abschmecken und mit einem Stabmixer pürieren. Die Suppe abkühlen lassen, dann bis zum Servieren in den Kühlschrank stellen. Beim Anrichten die Suppe mit einem Klecks Pesto dekorieren.

Tipp: Hausgemachtes Pesto bekommt man an vielen Gemüseständen, zum Beispiel bei Heidi Jung auf dem Offenbacher Wochenmarkt. Pesto in guter Qualität gibt es aber auch im Bio-Supermarkt oder im Reformhaus.

Prinzessin auf der Erbse

Ganz und gar nicht pingelig, sondern pikant ist diese Suppe. Die Erbsen sind schon geschält und die restlichen Zutaten sind auch im Nu im Topf.

1,5–2 kg Fleischtomaten (z. B. Liguria, Cherokee Green, Reif Red Heart)
1 Zweig Minze
1 Zweig Koriander
1 grüne Chili
1 große Zwiebel
1 Knoblauchzehe
1 EL frische Minze, gehackt
2 Lorbeerblätter
2 TL Kreuzkümmel, gemahlen
½ TL Fenchelsaat
240 g tiefgefrorene Erbsen
375 ml Kokosmilch
2 EL Olivenöl
1 EL brauner Zucker
Salz und Pfeffer nach Geschmack

Tomaten häuten, Strunk entfernen, halbieren und in 300 ml Wasser so lange köcheln lassen, bis sie weich sind. Tomaten mit einem Stabmixer pürieren.

Minze und Koriander abbrausen, Blättchen abzupfen und klein schneiden. Zwiebeln und Knoblauch häuten und fein würfeln. Chilischote längs aufschneiden, entkernen und in feine Scheiben schneiden. Olivenöl in einer großen Pfanne erhitzen. Darin Zwiebeln und Knoblauch bei mittlerer Hitze glasig andünsten. Kreuzkümmel, Fenchelsaat, Lorbeerblätter und Chili zugeben und unter Rühren eine Minute mitbraten.

Pürierte Tomaten und Kokosmilch zugeben, kurz aufkochen lassen und bei reduzierter Hitze etwa 10 Min. köcheln lassen. Erbsen zugeben und weitere 5–7 Min. garen. Lorbeerblätter entfernen. Zucker, Koriander und Minze zufügen. Mit Salz und Pfeffer abschmecken, servieren.

Tipp: An Heidis Gemüsestand auf dem Offenbacher Wochenmarkt bekommt man die empfohlenen drei Tomatensorten: Cherokee Green – eine grün-braune Tomate mit grünem, süß-würzigem Fruchtfleisch, Liguria – eine wohlschmeckende rote Gourmet-Sorte aus Italien – und Reif Red Heart – eine große, rote, herzförmige Tomate.

Sonnengruß aus gelben Tomaten

Gelbe Tomaten haben weniger Säure als rote und sind für Gerne-esser mit empfindlichem Magen verträglicher. In Kombination mit gelbem Paprika und einem Hauch von geräuchertem Paprikapulver schmeckt die Suppe wie in einer Hafenbar auf Mallorca.

1,5 kg sonnengelbe Tomaten (z. B. Golden Sunrise, Plum Lemon, Giraffe, Basinga)
1 gelbe Paprikaschote
3 Schalotten
2 Majoranzweige
2 Knoblauchzehen
1 Lorbeerblatt
1 Brühwürfel für Geflügelbrühe
1 TL geräuchertes Paprikapulver „mild" („Pimenton de la vera", dulce)
100 ml Sahne
4 EL Olivenöl
1 Prise brauner Zucker
1 kleine Dose Mais (ca. 200 g)
Salz und Pfeffer nach Geschmack

Tomaten enthäuten und halbieren, Strunk und Kerne entfernen. Paprika waschen, halbieren, putzen und in kleine Würfel schneiden. Knoblauch und Schalotten häuten und fein würfeln. Majoran abbrausen, die Blättchen abzupfen. Einige Blättchen als Deko zur Seite legen, den Rest hacken. Olivenöl in einem Topf erhitzen, darin Knoblauch und Schalotten andünsten. Tomaten, Paprika und Lorbeer zugeben. Brühwürfel in ½ l kochendem Wasser auflösen und mit dem Paprikapulver zu den Kräutern in den Topf gießen. Kurz aufkochen und 20–25 Min. köcheln lassen, danach Lorbeerblatt herausnehmen.

Mais abtropfen lassen. Mit einem Handmixer die Suppe pürieren, Sahne unterziehen und nach Geschmack mit Zucker, Salz und Pfeffer würzen. Nochmals kurz aufkochen lassen, den Mais hinzugeben und 2–3 Min. mitköcheln lassen. Die Suppe auf vier Schalen verteilen und mit Majoranblättchen dekorieren. Dazu schmecken frisches Baguette oder Panini.

Wintermärchen: Herzhaftes aus Tomate, Sauerkraut und Wurst

Eine herzhafte Suppe ist das Beste, was die Küche an kalten Tagen zu bieten hat. Tomatensuppe mit Sauerkraut und Wurst ist ungewöhnlich, aber wärmstens zu empfehlen!

1,5 Kilo reife Fleischtomaten (z. B. Rothaut)
200 g Sauerkraut
½ – 1 frische rote Chilischote (je nach Gusto)
1 TL frischer Majoran
2 Zwiebeln
1 Knoblauchzehe
4 Brühwürste (z. B. Rindswurst)
100 g Dörrfleisch (durchwachsener Speck)
1 Prise Kümmel, gemahlen
2 Rindfleischbrühwürfel
3 EL Olivenöl
1 TL Zucker
Salz und Pfeffer nach Geschmack

Tomaten enthäuten, Strunk und Kerne entfernen, Fruchtfleisch in Würfel schneiden. Dörrfleisch fein würfeln. Zwiebeln häuten und schälen. Chilischote unter fließendem Wasser längs halbieren und mit einem Löffel die Kerne herauskratzen. Zwiebeln und Chili in feine Ringe schneiden. Majoran abbrausen, Blätter abzupfen und zerkleinern. Sauerkraut kleinschneiden. Würste in Scheiben schneiden.

Öl in einem Topf erhitzen. Zwiebeln, Knoblauch und Dörrfleisch darin anbräunen. Sauerkraut und Tomaten hinzugeben und 5 Min. schmoren lassen, zwischendurch umrühren. Brühwürfel in 1 l kochendem Wasser auflösen. Brühe und (je nach Schärfegeschmack) Chiliringe zu den Tomaten geben, gut umrühren und weitere 10 Min. sanft köcheln lassen. Kümmel, Majoran und Wurstscheiben zur Suppe geben. Nochmals 5 – 7 Min. bei geringer Hitze garen lassen. Dazu schmeckt am besten frisches Holzofenbrot mit Butter.

Tipp: Es ist besser, bei der Zubereitung das Sauerkraut zu zerkleinern, so verbrennt man sich nicht den Mund an den langen Krautfäden. Übrigens: Uns hat die Suppe am besten mit original Gref-Völsing-Rindswürsten geschmeckt!

Tomatensmoothie

„Ich esse keine Suppe! Nein! Ich esse meine Suppe nicht! Nein, meine Suppe ess' ich nicht! Und mit Tomaten drin schon gar nicht!"
Wetten doch? Ein renitenter Suppenkasper lässt sich am besten mit diesem köstlichen Tomaten-Smoothie bekehren. Einfach mal ausprobieren!

5 große Fleischtomaten
½ rote Paprika
2 Stängel Basilikum
1 EL frischer Zitronensaft
100 ml Tomatensaft
100 g Quark (20 %)
1 EL Olivenöl
1 Spritzer Tabasco
1 Handvoll Eiswürfel oder Crushed Ice
Salz und Pfeffer nach Geschmack

Tomaten häuten, Strunk und Kerne entfernen und würfeln. Paprika waschen, halbieren, Kerngehäuse entfernen und eine Paprikahälfte in Stücke schneiden. Basilikum abbrausen, Blätter abzupfen und klein schneiden. Alle Zutaten bis auf die Eiswürfel und den Tabasco in eine hohe Schüssel geben und mit dem Stabmixer pürieren.

Den Smoothie mit Tabasco, Salz und Pfeffer abschmecken. Die Eiswürfel hinzugeben und noch mal kurz pürieren. Den Smoothie in Gläser füllen und Brotchips oder geröstete Baguettescheiben dazu reichen.

VARIATION
Wer gerne süße Smoothies mag, kann die Zutaten um 100 ml Orangensaft (mit Fruchtfleisch) ergänzen und den Tabasco weglassen.

Toskanische Tomatensuppe

Susannes Liebling unter den Tomatensuppen. Wer sich richtig satt löffeln will, kann dieses Rezept um die Hälfte der Zutatenmengen erweitern und zaubert so ein nahrhaftes, vegetarisches Hauptgericht, das der ganzen Familie schmeckt.

2–2,5 kg reife Aromatomaten
2 Knoblauchzehen
je 2 Stängel Basilikum und Oregano (ersatzweise je 1 TL getrocknete Kräuter)
3 Scheiben frisches Holzofenbrot
1 Gemüsebrühwürfel
3–4 EL Olivenöl
1 Prise Zucker
Salz und Pfeffer nach Geschmack

Tomaten häuten und grob würfeln. Knoblauch abziehen, würfeln und in einem großen Topf mit 3 EL Öl andünsten. Tomaten zugeben und 20 Min. köcheln lassen, hin und wieder umrühren. In der Zwischenzeit die Kräuter abbrausen, Blättchen abzupfen und hacken. Brot würfeln. Gemüsebrühwürfel in ½ l kochendem Wasser auflösen und zu den Tomaten gießen, weitere 5 Min. köcheln lassen. Zucker, Basilikum und Brot unterrühren und weitere 5 Min. ziehen lassen. Wenn die Suppe nicht sämig genug ist, noch ein paar Min. einkochen lassen.

Die Suppe in tiefe Teller geben, ein paar Tropfen Olivenöl darüber geben. Nach Geschmack mit frisch gemahlenem Pfeffer bestreuen.

Tipp: Sehr dekorativ lässt sich die Suppe servieren, indem man runde Roggenbrötchen als Suppentassen verwendet. Dazu die Brötchen im oberen Fünftel durchschneiden, die „Deckel" zur Seite legen und die Brötchen mit einem Esslöffel vorsichtig aushöhlen, ohne die Kruste zu beschädigen. Suppe einfüllen und die Deckel auf die Brötchentassen setzen.

WUSSTEN SIE, DASS ...

... es sich bei Tomaten aus botanischer Betrachtung um Beeren handelt – und damit um Früchte? Die Tomate wird der Familie der Nachtschattengewächse zugeordnet und ist mit der Aubergine, der Kartoffel und der Paprika verwandt. Im Standardwerk für Ernährungswissenschaftler, der „Einführung in die Ernährungslehre", wird die Tomate jedoch unter den Gemüsesorten aufgelistet, ebenso in Küchenlexika und Kochbüchern. Beim Einkaufen finden wir Tomaten im Gemüseregal oder am Gemüsestand und nicht beim Obst. Ob Frucht oder Gemüse, das ist auch eine Frage der nationalen Esskultur. In anderen Ländern, zum Beispiel in Indonesien, werden Tomaten in den Obstsalat geschnippelt.

... die Tomate überwiegend aus Wasser besteht und ihr Flüssigkeitsgehalt höher ist als bei einer Melone? Der Wasseranteil in Melonen beträgt je nach Sorte über 90 Prozent, der von Tomaten etwa 94 bis 95 Prozent. Außerdem enthält die Tomate Vitamin A, Vitamin B1 und B2 sowie Niacin, auch als Vitamin B3 bekannt. Es ist sehr wichtig für viele Stoffwechselvorgänge im Körper. Vitamin C und E, Mineralstoffe, insbesondere Kalium, sowie Spurenelemente und Lypocin gehören ebenfalls zu den Bestandteilen der Tomate. Der rote Farbstoff Lypocin ist ein Carotinoid, das in hoher Dosierung in Tomaten vorkommt. Es wirkt antioxidativ und soll das Krebsrisiko reduzieren: Als sogenannter „Radikalfänger" kann es bestimmte aggressive Moleküle im menschlichen Körper unschädlich machen.

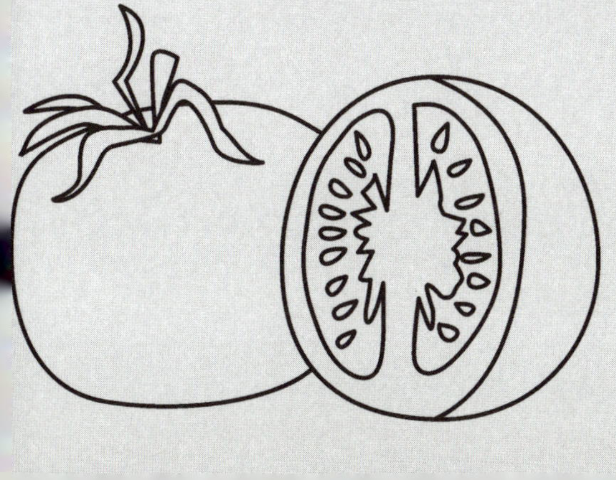

... unreife grüne Tomaten zu Übelkeit und Erbrechen führen können? In ihnen steckt das Alkaloid Tomatin, das chemisch mit dem Solanin in rohen Kartoffeln verwandt ist. Ab einer Dosis von etwa 80 Gramm kann dieser Giftstoff zu Beschwerden führen. Tödlich sollen, je nach Sorte, ein bis vier Kilogramm sein. Eine rein theoretische Berechnung, denn Todesfälle durch grüne Tomaten sind bislang nicht belegt.

... getrocknete Tomaten natürliche Geschmacksverstärker sind? In getrockneter Form enthalten die Paradiesäpfel mit 140 Milligramm pro 100 Gramm Frucht besonders viel Glutaminsäure und sind damit natürliche Geschmacksverstärker. Denn Glutamin ist Träger des Umami-Geschmacks. Umami ist neben süß, sauer, salzig und bitter die fünfte Geschmacksrichtung. Anfang des 20. Jahrhunderts stieß der japanische Sensorikforscher Kikunae Ikeda auf die Geschmacksrichtung Umami und fand heraus, dass die Geschmackskomponente durch natürliches Glutamat beigesteuert wird. Es befindet sich zum Beispiel auch in der Muttermilch und in Spaghetti-Bolognese-Soße: Die Kombination von Tomate, Parmesan und Hackfleisch empfinden wir als besonders lecker, weil alle drei Zutaten viel natürliches Glutamat enthalten und damit einen intensiven Umami-Geschmack haben.

... Ketchup ursprünglich kar keine Tomaten enthielt? So erklärt sich auch die Bezeichnung „Tomatenketchup" auf Ketchup-Flaschen. In der Schreibweise „catchup" tauchte das Wort erstmals Ende des 17. Jahrhunderts in einem englischen Wörterbuch auf – als Synonym für „high East-India Sauce" („feine ostindische Sauce"). „East India" war zu dieser Zeit ein Synonym für Süd- und Südostasien. Das erste Rezept für „englischen Ketchup" wurde 1727 in einem Hausfrauenratgeber veröffentlicht. Es enthielt Zutaten wie Weißweinessig, Sardellen, Schalotten und andere Gewürze – aber keine Tomaten. Erst 1812 erschien in den USA das erste Rezept für eine Würzsauce auf der Basis von pürierten Tomaten. Vermutlich war es eine Abwandlung eines Rezepts für italienische Tomatensoße.

... Tomaten eine eingebaute Alarmanlage haben? Werden Tomaten von Raupen angefressen, senden sie den Duftstoff Methyl-Jasmonat als Notsignal an ihre Umgebung aus. Dadurch können benachbarte Pflanzen „riechen", dass Gefahr in Verzug ist, und mit ihrer eigenen Schädlingsabwehr beginnen.

... die größte bislang geerntete Tomate größer als eine Bowlingkugel war? Den Durchmesser von 37,5 Zentimetern und ein Gewicht von 565 Gramm brachte eine Tomate auf die Waage, die der britische Hobbygärtner Brian Seabright im Jahr 2001 erntete. Damit fand diese Tomate als größte ihrer Art Einzug ins Guinnessbuch der Rekorde.

... die Tomate nachweislich schon 200 vor Christus in Mittelamerika von den Maya kultiviert wurde? Daher stammt auch ihr Name, der sich aus dem aztekischen Wort „Xitomatl" ableitet und übersetzt „Schwellfrucht" heißen soll. Als blinder Passagier gelangte sie auf einem der Schiffe von Christoph Kolumbus um 1498 nach Europa und wurde dort zunächst als Zierpflanze verbreitet.

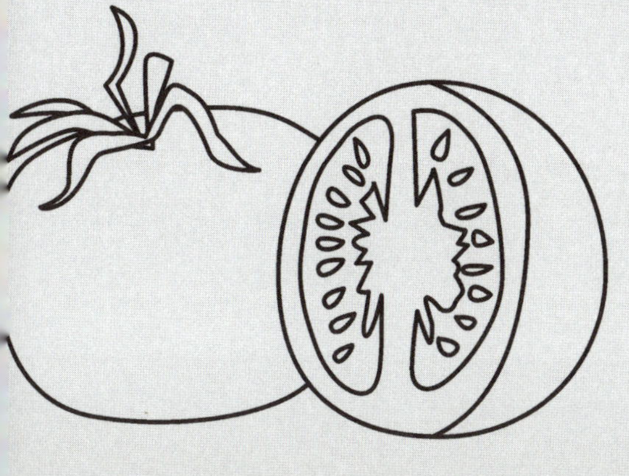

TOMATE ZUM REINBEISSEN

Aromatische Tomaten einfach aus der Hand zu essen – zum Beispiel die fruchtig-süße Orangino, Valdeza oder Zebrino – ist ein ganz besonderes Geschmackserlebnis. Doch so puristisch wollten wir dieses Kapitel dann doch nicht beginnen und gleich wieder beenden. Deshalb haben wir auf den nächsten Seiten Rezeptideen von ganz einfach bis raffiniert versammelt. Sie passen zu jeder Gelegenheit: als Fingerfood zu einem Glas Prosecco, als Vorspeise und gabelfreier Snack, zum Mitnehmen ins Büro, zum Grillen, fürs Partybüfett oder für die Picknickpause beim Wandern. Wer mag, kann die kleinen Gerichte natürlich auch ganz manierlich mit dem Essbesteck zerlegen. Doch von der Hand in den Mund ist es manchmal einfach schöner!

Bruschetta „Wünsch dir was"

Bruschette, die Mehrzahl von Bruschetta, ist die stilvolle italienische Alternative zur deutschen Schnittchen-Kultur. Die nussigen Aromen von geröstetem Weißbrot, dazu der grasig-herbe Geschmack des Olivenöls, kombiniert mit fruchtigfleischigen Tomatenstückchen: hmm, „quisito" – einfach köstlich!

500 g reife Fleischtomaten
2 Stängel Basilikum
1 Handvoll schwarze Oliven, entsteint
10 Kapernäpfel
3 Knoblauchzehen
1 Ciabatta oder Baguette
6 EL Olivenöl
Salz und Pfeffer nach Geschmack

Tomaten waschen, halbieren, Strunk und Kerne entfernen. Fruchtfleisch in kleine Stücke schneiden. Knoblauch abziehen und halbieren. Basilikum abbrausen, Blättchen abzupfen und fein hacken.
In einer Schüssel die Tomaten mit Basilikum und 1–2 EL Öl vermengen. Oliven und Kapernäpfel in einem Sieb abtropfen lassen. Die Oliven in Ringe schneiden, Kapernäpfel fein würfeln. Brot in 1 cm dicke Scheiben schneiden. 3 EL Öl in einer großen Pfanne erhitzen. Brot auf beiden Seiten goldbraun rösten. Aus der Pfanne nehmen und die Brotscheiben kräftig mit Knoblauch einreiben. Je nach Gusto die Brotscheiben mit Tomaten und Oliven oder Kapernwürfeln belegen. Auf einer großen Platte oder kleinen Tellern servieren und mit dem restlichen Öl beträufeln. Mit Salz und Pfeffer würzen.

Tipp: Gehackte Sardellenfilets und Basilikum- oder Tomaten-Pesto als Aufstrich verfeinern die Italo-Schnittchen hervorragend.

Eiertomaten im Retro-Look

In den 70er-Jahren durften gefüllte Tomaten auf keinem Fest fehlen. Die Originalfüllung war allerdings ziemlich „schwer" – sie bestand aus Fleischsalat und reichlich Mayonnaise. Diese Variante im Retro-Look kommt federleicht daher und macht sich prima auf Partys im 21. Jahrhundert.

12–16 reife Mini-Eiertomaten
2 Zweige Thymian
2 Stängel Basilikum
½ rote Chilischote
1 Selleriestange
½ Bio-Zitrone
250 g Frischkäse
3 EL Schmand
Salz und Pfeffer nach Geschmack

Eiertomaten waschen, mit Küchenpapier trocken tupfen und mit einem gezackten Gemüsemesser „Deckel" abschneiden. Kräuter waschen, Blättchen abzupfen und klein hacken. Chilischote unter fließendem Wasser längs aufschneiden, die Kerne entfernen und die Schote in feine Ringe schneiden.

Sellerie putzen, eine Hälfte in schmale Ringe schneiden, die andere fein würfeln. Zitrone mit heißem Wasser abwaschen, halbieren und von einer Hälfte etwa 1 TL Schale abreiben, etwa 1 EL Zitronensaft auspressen.

Frischkäse, Schmand, Zitronensaft und -schale, gehackte Kräuter und Selleriewürfel miteinander vermengen, mit Salz und Pfeffer abschmecken. Die Masse in die Tomaten füllen, Sellerie- und Chiliringe darüber verteilen.

Tipp: Die Tomaten können auch mit Ziegenfrischkäse oder Ricotta gefüllt werden. Die Kräuter gegen geröstete Pinienkerne austauchen – das gibt der Füllung einen mild-nussigen Geschmack!

Minutenschnelle Tomatenmuffins

Ein toller Snack zum Mitnehmen für die Mittagspause im Büro oder einfach ein schönes Mitbringsel fürs Brunch-Büfett.

10–12 Kirschtomaten
½ rote Paprika
2 Zweige Thymian oder
½ TL getrocknete Kräuter
1 Kugel Mozzarella
2 Eier
150 g Mehl
2 TL Backpulver
80 ml Milch (= 2 volle Schnapsgläser)
4 EL Olivenöl
Salz und Pfeffer nach Geschmack

Backofen auf 180 Grad (Umluft 160 Grad) vorheizen. Tomaten waschen, halbieren, Strunk entfernen und klein schneiden. Paprikaschote waschen, halbieren, entkernen und fein würfeln. Mozzarella in kleine Würfel schneiden. Mehl, Backpulver, Eier, Milch und Öl miteinander verrühren. Gemüse, Kräuter und Käse unter den Teig mengen, mit Salz und Pfeffer würzen.

Muffinblech mit Papierförmchen bestücken und den Teig gleichmäßig auf die Förmchen verteilen. Im Ofen auf mittlerer Schiene etwa 20 Min. backen.

Tipp: Die Muffins lassen sich ganz einfach variieren: Statt frischer Tomaten schmecken getrocknete sehr intensiv. Und noch herzhafter werden die Muffins mit Schafskäse-, Speck- oder Salamiwürfeln.

Sesam-Tomaten-Törtchen

Ein leckerer Snack, der auch kalt gut schmeckt. Was übrig bleibt, kann für die Mittagspause im Büro eingepackt werden.

4 Fleischtomaten mit festem Fruchtfleisch (z. B. Muchamil)
2 Zweige Thymian
2 Zwiebeln
1 ½ Knoblauchzehen
2 Lorbeerblätter
1 Ei

Für den Teig:
300 g feines Vollkornmehl
35 g Sesamsamen
1 Ei, verschlagen
5 ½ EL Olivenöl
1 Prise Salz

Aus Mehl, Sesamsamen, Salz, Ei und 3 ½ EL Öl einen geschmeidigen Teig rühren. Wenn er zu fest ist, einige Esslöffel Wasser dazugeben. 4 Törtchenformen einfetten, mit dem Teig auskleiden und 30 Min. im Kühlschrank ruhen lassen.

Inzwischen Backofen auf 220 Grad (Umluft 200 Grad) vorheizen. Thymian abbrausen. Zwiebeln und Knoblauch abziehen und in Scheiben schneiden. Zwiebelringe und Knoblauch in 2 EL Öl mit Thymianzweigen und Lorbeerblättern andünsten. Mit Salz und Pfeffer abschmecken, Kräuterzweige und -blätter herausnehmen. Tomaten waschen, Strunk entfernen und horizontal in Scheiben schneiden.

Die Förmchen mit der Zwiebelmischung füllen und mit den Tomatenscheiben abdecken. Tomaten mit Öl einpinseln und mit Salz und Pfeffer bestreuen. Die Törtchen im Ofen auf mittlerer Schiene 20–25 Min. backen. Der Teig sollte knusprig, die Tomaten leicht angebräunt sein. Mit einem grünen Salat servieren.

Tipp: Die Törtchen können auch mit geriebenem Käse, zum Beispiel Emmentaler, Gruyère oder Parmesan, verfeinert werden.

Schwedische Knusper-Tomatentaler

Gesunde Knuspertaler für den kleinen Hunger zwischendurch oder als Alternative zu Chips und Crackern.

2 große Fleischtomaten
2 Stängel Basilikum
2 Kugeln Mozzarella
8 Scheiben runde Toastbrötchen
3 EL Frischkäse
Salz und Pfeffer nach Geschmack

Tomaten waschen, Strunk entfernen und horizontal in dünne Scheiben schneiden. Basilikum waschen, Blättchen abzupfen. Mozzarella horizontal in Scheiben schneiden.

Toastbrötchen im Toaster rösten und mit Ziegenfrischkäse bestreichen, nacheinander je eine Tomate, eine Scheibe Mozzarella, einige Blätter Basilikum und wieder eine Scheibe Tomate darauflegen. Zum Schluss mit einer Toastscheibe abdecken.

Tipp: Wer den Snack mit ins Büro nehmen will, sollte sich alle Zutaten essfertig einpacken und sie dann vor Ort „zusammenbauen".

Tomaten-Rosmarin-Fladen

Eine leckere Alternative zu Pizza. Hier bleiben Messer und Gabel in der Schublade: Einfach den Fladen in Stücke schneiden oder reißen und mit den Fingern futtern.

12–14 Kirschtomaten
2 Zweige Rosmarin
1 Handvoll schwarze Oliven, entsteint
1 Kugel Mozzarella
1 kleines Stück Parmesan
½ Würfel frische Hefe
¼ l lauwarmes Wasser
500 g Weizenmehl „Typ 405" oder italienisches Mehl „Farina Tipo 00"
1 TL Salz
1 TL Zucker
4 EL Olivenöl
1 TL grobes Meersalz

Hefe in einer großen Schüssel in lauwarmem Wasser mit Zucker auflösen, sorgfältig mit 2 EL Öl und Mehl verrühren, bis eine gleichmäßige Teigmasse entsteht. Schüssel mit einem Küchentuch abdecken und an einem warmen, zugfreien Ort etwa 40 Min. gehen lassen.

In der Zwischenzeit Backofen auf 225 Grad (Umluft 200 Grad) vorheizen. Tomaten und Rosmarin abbrausen, Kräuternadeln abzupfen und mit etwas Öl vermengen. Oliven in einem Sieb abtropfen lassen. Parmesan reiben, Mozzarella in Scheiben schneiden.

Teig durchkneten. Wenn er zu sehr klebt, noch etwas Mehl untermischen. Teig auf einem gefetteten Backblech in Fladenform ausrollen. Tomaten, Oliven, Rosmarin und als Letztes Parmesan und Mozzarella darauf verteilen. Mit Meersalz bestreuen und mit etwas Öl beträufeln. Im Ofen auf mittlerer Schiene 20 Min. backen.

Tipp: Wenn sich Gäste ankündigen, kann man aus dem großen Teigstück mehrere kleine formen und sie belegen. So hat jeder Gast sein eigenes Fladenbrot. Der Belag kann nach Gusto variiert werden, zum Beispiel mit Büffelmozzarella, Zucchinischeiben, Frühlingszwiebeln, Schafskäse- oder Schinkenwürfeln.

Paradiesapfelsticks

Die Sticks passen einfach immer und überall: als Fingerfood für Partys, als Appetizer zu einem Glas Prosecco, als kalorienleichte Knabberei vor dem Fernseher, zum Grillen oder als Beilage zu einer Tomatensuppe.

20 Kirschtomaten (rot und gelb)
½ Bund Basilikum
100 g französische Bistrosalami
100 g Hartkäse (z. B. Provolone, Pecorino oder Schweizer Emmentaler)
400 g Melone mit gelbem Fruchtfleisch (Netzmelonen, Cantaloup)
50–60 g schwarze Oliven, entsteint
1 EL Balsamessig
2–3 EL Olivenöl
Salz und Pfeffer nach Geschmack

12–15 Schaschlikspieße aus Holz

Tomaten waschen, halbieren und Strunk entfernen. Basilikum waschen, Blättchen abzupfen und 12–15 Blätter zur Seite legen. Salami in Scheiben schneiden – die weiße Wursthaut muss nicht entfernt werden. Käse in etwa 2 x 2 cm große Scheiben schneiden. Melone halbieren und mit einem Esslöffel entkernen, ohne das Fruchtfleisch zu beschädigen. Mit einem Melonenausstecher kleine Kugeln aus dem Fruchtfleisch stechen.

Aus Essig, Öl, Basilikum, Salz und Pfeffer eine Marinade rühren. Nach Herzenslust die Spieße mit Tomate, Käse, Melone, Wurst, Oliven und Basilikumblättern bestücken. Die Spieße mit der Marinade bepinseln, kurz einwirken lassen und sofort servieren. Dazu schmeckt geröstetes Ciabatta oder Fladenbrot.

Tipp: Als Mitbringsel für eine Grillparty können die Paradiesapfelsticks auch dekorativ in einem Blumentopf dekoriert werden. Dazu einen Tontopf mit Spielsand füllen und mit einer Serviette oder Alufolie abdecken. Beim Aufspießen der Zutaten jeweils das untere Drittel der Schaschlikspieße frei lassen. Dann die Spieße in den Blumentopf stecken.

Tomatenwaffeln

Hausgemachte Waffeln wie bei Muttern wecken kulinarische Kindheitserinnerungen. Hier lassen sie sich ganz einfach wachrufen.

8–10 getrocknete Tomaten in Öl
1 Handvoll Spinatblätter
2 Eier
½ Gemüsebrühwürfel
2 TL Backpulver
150 g Mehl
50 g Butter
Öl zum Einfetten
Salz und Pfeffer nach Geschmack

Tomaten in einem Sieb abtropfen lassen, Öl fürs Einfetten des Waffeleisens auffangen. Tomaten in kleine Würfel schneiden. Spinat waschen, mit Küchenpapier trocken tupfen und in schmale Streifen schneiden.

Brühwürfel in ¼ l kochendem Wasser auflösen, abkühlen lassen. Eier und Butter schaumig rühren, mit Mehl und Backpulver vermengen. Brühe angießen, Tomaten und Spinat unterheben und alles zu einem geschmeidigen Teig verarbeiten. Mit Salz und Pfeffer abschmecken.

Waffeleisen vorheizen und die Waffeln backen. Dazu passen ein marktfrischer grüner Salat und Schmand mit Kräutern.

Tipp: Eine Handvoll geriebenen Parmesan oder Emmentaler in die Teigmasse geben.

Tomaten-Pflastersteine

Mit diesem Rezept lässt sich keine Demo anzetteln. Wollen wir auch gar nicht. Mit diesem ungewöhnlichen Tomatenkuchen lässt sich aber jedes Brunch- oder Partybüfett aufmischen.

500 g Kirschtomaten
1 kleines Glas Tomatenpesto
1 Handvoll Walnuss- oder Haselnusskerne
1 Würfel Hefe
500 g Weizenmehl „Typ 405"
1 EL Rosmarinhonig
2 EL Zucker
2 EL Olivenöl
1 TL Meersalz

Backofen auf 170 Grad (Umluft 150 Grad) vorheizen. Kirschtomaten waschen, mit Küchenpapier trocken tupfen und halbieren. Mit der Schnittfläche nach oben in einer großen Auflaufform verteilen. Die Tomaten mit Zucker bestreuen und im Backofen auf mittlerer Schiene 30–40 Min. garen.

In der Zwischenzeit Hefe und Honig in ¼ l lauwarmem Wasser auflösen. Nüsse fein hacken, in einer Backschüssel mit Mehl, Olivenöl und Meersalz vermengen. Das Hefewasser mit dem Knethaken eines Handrührgeräts unterrühren, bis die Masse zu einem geschmeidigen Teig wird. Die Schüssel mit einem Küchenhandtuch abdecken und den Teig an einem warmen Ort mindestens 30 Min. gehen lassen.

Backofen auf 200 Grad (Umluft 180 Grad) vorheizen. Den Hefeteig mit den Händen gut durchkneten. Ist er zu weich, noch etwas Mehl zugeben. Die Ofentomaten in den Teig einkneten, auf einer bemehlten Fläche zu einem Rechteck mit etwa 2 cm Höhe ausrollen und auf ein eingefettetes Backblech setzen. Das Teigrechteck mit einem langen Messer in 5 x 6 Stücke schneiden. Weitere 5–10 Min. gehen lassen. Im Ofen auf mittlerer Schiene etwa 30–40 Min. backen.

Tipp: Wer es herzhafter mag, kann getrocknete Kräuter wie zum Beispiel Oregano und Thymian oder Zwiebelwürfel unter den Teig mengen.

Zebrino mit Mini-Mozzarella

Eins, zwei, drei, fertig ist der Gaumenschmaus. Das ist eines der schnellsten Rezepte, um den Klassiker „Tomate und Mozzarella" zuzubereiten – und auch eines der originellsten. Allerdings sollten die Mozzarella-Minis so frisch wie möglich sein. Am frischsten bekommt man sie in einer Käserei, zum Beispiel bei L'Abbate am Offenbacher Wochenmarkt.

12 – 16 kleine Zebrino oder andere runde, aromatische Mini-Tomaten
3 – 4 Stängel Basilikum
12 – 16 Mini-Mozzarella-Kugeln
3 EL Olivenöl
Salz und Pfeffer nach Geschmack

Tomaten waschen, mit Küchenpapier trocken tupfen. An der dicksten Stelle mit einem gezackten Gemüsemesser horizontal den „Deckel" abschneiden und zur Seite legen. Mit einem Teelöffel vorsichtig das Fruchtfleisch heraustrennen, ohne die Schale zu beschädigen. Mozzarellabällchen in einem Sieb abtropfen lassen. Basilikum waschen, die schönsten und größten Blättchen abzupfen. Jede Tomate mit einem Basilikumblatt auskleiden und eine Mozzarellakugel hineinstecken. Mit Olivenöl beträufeln und mit Salz und Pfeffer würzen.

Tipp: Der Snack kann kalt oder warm gegessen werden. Zum Backen im Ofen oder auf dem Grill eine Form mit Öl auspinseln, die gefüllten Tomaten hineingeben und 15 – 20 Min. garen lassen.

WUSSTEN SIE, DASS …

… die Tomate im 16. Jahrhundert nach Italien kam und noch zwei Jahrhunderte später in Deutschland und Österreich in Schweineträgen landete statt auf dem Essteller? Denn während Italienier die rote Frucht fast täglich verzehrten, galt sie hierzulande als ungenießbar. Auf der Wiener Weltausstellung 1873 wurden Tomaten noch als kurioses Ausstellungsstück präsentiert. Erst um 1900 hielt die Tomate endlich Einzug in die hiesigen Küchen und man konnte sie auch auf österreichischen und deutschen Märkten kaufen.

… die Tomate als Heilpflanze galt? Der italienische Kräuterheilkundler Mattioli bezeichnete 1544 die damals gelben Früchte als „mala aurea" und erwähnte erst zehn Jahre später eine rote Tomatenvariante. Im England des 17. und 18. Jahrhunderts wurde die Tomate in einem Kräuterbuch als Heilmittel erwähnt. In anderen Teilen Europas hingegen schrieb man der roten Frucht eine aphrodisierende Wirkung zu. Das belegen Bezeichnungen wie der französische „Pomme d'Amour" (dt. Liebesapfel). In Deutschland und Österreich wurde die Tomate bis Anfang des 20. Jahrhunderts „Paradiesapfel" und „Paradeiser" genannt, wie aus alten Kochbüchern hervorgeht.

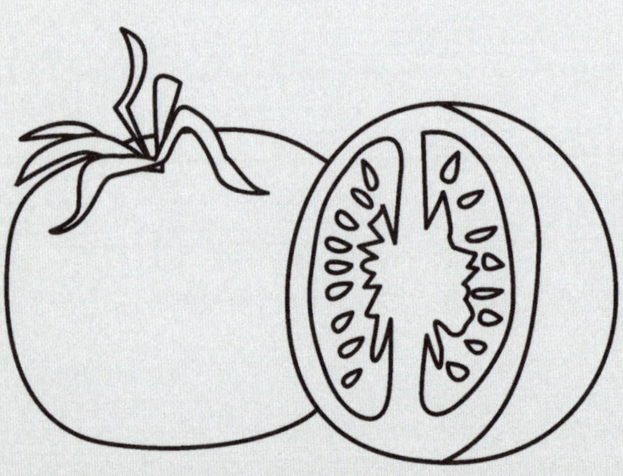

... die Redewendung „treulose Tomate" im Ersten Weltkrieg entstand? Damals wuchsen Tomaten in deutschen Gärten als Zierpflanzen. Als Nutzpflanzen galten sie als „kompliziert" und kaum kultivierbar. Bei den italienischen Nachbarn am sonnigen Mittelmeer hingegen gehörten die „Pomodori", die „goldenen Äpfel", längst zum Speiseplan. Als sich Italien als einstiger Verbündeter Deutschlands im Jahr 1915 auf die Gegenseite schlug, wurde das als Verrat angesehen und der Begriff „treulose Tomate" geprägt: Die Italiener galten den Deutschen als ebenso unzuverlässig und wankelmütig wie die Tomaten, die im hiesigen Klima partout nicht gedeihen wollten.

... grüne Tomaten in Kriegszeiten als Zutat im Weihnachtsstollen verwendet wurden? Während des Zweiten Weltkriegs herrschte in deutschen Haushalten ein großer Mangel an Zutaten für die Hobbybäckerei. Findige Hausfrauen erprobten Ersatzstoffe für wichtige Zutaten, die zu teuer oder in den Läden nicht mehr vorrätig waren. Wer zur Adventszeit nicht auf den traditionellen Christstollen verzichten wollte, weil es kein Zitronat gab, besorgte sich grüne Tomaten. Entkernt und fein gewürfelt, kamen sie dem grasig-bitteren Geschmack der kandierten Früchte als Aromenersatz am nächsten. Auch in der DDR waren kandierte Früchte wie Zitronat und Orangeat Mangelware. Deshalb ersetzten viele Hausfrauen die gezuckerten Zitrusfrüchte im Dresdner Stollen durch kandierte Möhren und grüne Tomaten, die „Kan-dinat T" genannt wurden (Extrakt von grünen Tomaten).

... Tomaten das beliebteste Gemüse in Deutschland sind?
Der Verbrauch von Tomaten lag im Erhebungsjahr 2009/2010 bei über 2 Millionen Tonnen. Umgerechnet sind das 24,6 Kilogramm pro Verbraucher. Ein Großteil der Tomaten wird importiert. Im Jahr 2010 waren es mehr als 681 000 Tonnen. Die meisten Tomaten stammten aus den Niederlanden mit rund 375 000 Tonnen und Spanien mit circa 145 000 Tonnen, gefolgt von Italien.

TOMATE ZUM GABELN

Tomaten mit Mozzarella. Dieses Aromenpaar kommt einem sofort in den Sinn, wenn es um ein Rezept mit dem Liebesapfel geht. Tatsächlich schmeckt nichts besser, wenn man handgeschöpften Mozzarella, ein wirklich gutes Olivenöl, aromatische Tomaten vom Wochenmarkt und frisches Bauernbrot im Einkaufskorb hat. Ein einfacher kulinarischer Hochgenuss ohne blumige Speisekartenlyrik. So gabelt auch Gärtnerin Heidi ihre selbst angebauten Tomaten am liebsten. Heidis Caprese findet sich in diesem Kapitel. Dazu vierzehn weitere schöne Salatideen rund um die Tomate: mal deftig mit Blutwurst, Schinkenkrakauer oder Handkäs', mal als traditionelle Toskana-Variante, mal fruchtig-leicht mit Melone.

Wunderbar gabeln lassen sich auch die hauserprobten Risotto- und Pastarezepte und vierzehn Gemüseschlemmereien. Die schmecken nicht nur köstlich, sondern machen auch sonnige Laune – wie zum Beispiel Konstanzes schneller Seelentröster. Von rustikal bis raffiniert sind auch die leckeren Rezeptideen mit Fleisch und Fisch. Wie wärs zum Beispiel mit einem herzhaften Tomatenburger oder einem Falschen Hasen mit roten Sommersprossen? Da soll nur einer sagen, von Tomaten wird man nicht satt!

Caprese

Caprese bedeutet „von Capri" – denn von dort stammt dieser Tomatenklassiker. In diesem Fall bringt die Geschmacksvielfalt bunter Tomaten eine Abwechslung ins konventionelle Tomaten-Käse-Paar. Dieser Salat ist auch ein dekoratives Mitbringsel für eine Gartenparty oder ein kalorienarmer Lunch zum Mitnehmen ins Büro.

500 g bunte Aromatomaten mit fester Schale
1 Ochsenherz-Tomate
3–4 getrocknete Tomaten
je 1 Stängel Basilikum und Oregano (oder je 1 EL getrocknete Kräuter)
3 Kugeln Büffelmozzarella
2 EL Aceto Balsamico bianco (weißer Balsamessig)
5 EL Olivenöl
Salz und Pfeffer nach Geschmack

Tomaten waschen, vom Strunk befreien und in Scheiben schneiden. Frische Kräuter waschen, mit Küchenpapier trocken tupfen, Blättchen abzupfen und fein schneiden. Mozzarella in Scheiben schneiden, abwechselnd mit den Tomaten fächerartig in Schälchen schichten. Mit Kräutern und Tomatenwürfeln bestreuen. Aus Öl, Essig, Salz und Pfeffer eine Vinaigrette rühren und das Caprese damit beträufeln. Vor dem Servieren eine halbe Stunde ziehen lassen.

Tipp: Eine gebutterte Scheibe Baguette oder Bauernbrot mit Caprese belegen und mit etwas Meersalz bestreuen – einfach himmlisch!

Blutwurst-Tomaten-Feldsalat

Knusprige, pfannenwarme Blutwurst zu nussig-feinem Feldsalat und eingelegten Tomaten – das war eine der interessantesten kulinarischen Entdeckungen, die ich beim Entwickeln neuer Rezepte für dieses Kochbuch gemacht habe. Hmmmm, ein himmlisch guter Salat für die kalte Jahreszeit.

6–7 getrocknete, eingelegte Tomaten pro Person
400 g Feldsalat
1 Kringel geräucherte, feste Blutwurst
1 rote Zwiebel
½ TL Djionsenf
4 EL Weißweinessig
1 EL Bratöl
3 EL Olivenöl
Salz und Pfeffer nach Geschmack

Feldsalat waschen, putzen und in einer Salatschleuder trocken schleudern. Tomaten in Streifen schneiden. Zwiebel häuten und fein würfeln. Zwiebelwürfel, Senf, Essig, Öl, Pfeffer und Salz zu einer Vinaigrette verrühren. Diese zum Feldsalat geben und unterrühren. Salat auf 4 große Teller verteilen und mit Tomatenstreifen dekorieren. Blutwurst in etwa 1 cm dicke Scheiben schneiden und in einer Pfanne mit heißem Bratöl 1–2 Min. anbraten. Auf den Salattellern verteilen.

Tipp: Wer es lieber vegetarisch mag, ersetzt die Blutwurst durch eine Handvoll geröstete Walnüsse.
In diesem Fall den Senf in der Vinaigrette weglassen.

Tomatenteller „kunterbunt"

Eins, zwei, drei – da hat man den Salat. Schneller, gesünder und schlanker kann man Tomaten nicht zubereiten. Der perfekte Vitamin-Kick für heiße Sommertage!

1 kg feste Tomaten (in allen Farben, die Sie kriegen können!)
je 3 Zweige glatte Petersilie, Zitronenthymian, Basilikum, Oregano, Dill und Koriander
1 rote Zwiebel
¼ Bio-Zitrone
1 Prise Zucker
4 EL weißer Balsamessig (Aceto Balsamico bianco)
5 EL Olivenöl
Salz und Pfeffer nach Geschmack

Tomaten waschen und den Strunk entfernen.
Die Tomaten je nach ihrer Größe halbieren, vierteln oder achteln. Tomatenstücke in eine Salatschüssel geben. Kräuter abbrausen, mit Küchenpapier trocken tupfen, Blättchen abzupfen und grob hacken. Zwiebel abziehen und in feine Ringe schneiden. 1 EL Zitronensaft auspressen. Aus Essig, Öl, Zucker, Zitrone, Salz und Pfeffer eine Vinaigrette rühren. Vinaigrette und Kräuter über die Tomaten geben und mit einem Salatbesteck vorsichtig vermengen. Sofort servieren.

Tipp: Dazu schmeckt am besten frisches Bauernbrot mit gesalzener Butter.

Eichblattsalat mit Kirschtomaten und Nüssen

500 g Kirschtomaten
1 Handvoll weiße Champignons
1 Kopf roter Eichblattsalat
1 Stängel krause Petersilie
3 EL frischer Schnittlauch
1 weiße Zwiebel
1 EL frischer Zitronensaft
40 g Haselnusskerne, gehobelt
1 TL Honigsenf
2 EL Butter
2 EL Aceto Balsamico
3 EL Olivenöl
Salz und Pfeffer nach Geschmack

Tomaten und Kräuter waschen, Tomaten halbieren, Strunk entfernen und die Kräuter fein schneiden. Eichblattsalat zerpflücken, waschen und in einer Salatschleuder trocknen. Essig, Öl, Zitronensaft und Senf zu einer Vinaigrette verrühren, mit Salz und Pfeffer abschmecken.

Zwiebel abziehen und fein würfeln. Pilze (trocken) putzen, in feine Scheiben schneiden. Butter in einer Pfanne erhitzen, darin erst die Zwiebel anbraten, dann die Pilze zugeben. Mit Salz und Pfeffer würzen und die Pfanne zur Seite stellen.

In einer kleinen, fettfreien Pfanne die Nüsse anrösten. Den Salat mit der Vinaigrette vermischen und auf Tellern verteilen. Mit Tomaten, Pilzen und Haselnussblättchen dekorieren. Dazu passt frisches Baguette oder Bauernbrot.

Tipp: Im Winter schmeckt auch knackiger Feldsalat als Alternative zum Eichblattsalat.

Fusilli-Salat mit Tomaten & Brokkoli

Und ewig grüßt der Nudelsalat auf dem kalten Büfett oder beim Grillen. Diese knackig frische Variante, die ganz ohne Mayonnaise auskommt, wird garantiert schon nach dem ersten Bissen zum kulinarischen Partykönig erklärt.

6–8 getrocknete Tomaten, in Öl eingelegt
½ rote Paprikaschote
1 Brokkoli (ca. 500 g)
1 Bund Basilikum
½ Bund Schnittlauch
2 Frühlingszwiebeln
4 Knoblauchzehen
1 EL Kapern
3 EL Parmesan
400 g Spiralnudeln (Fusilli)
1 TL Dijonsenf
6 EL Aceto Balsamico
10 EL Olivenöl
Salz und Pfeffer nach Geschmack

Tomaten klein schneiden. Paprika waschen, halbieren, Kerngehäuse entfernen und die Schote in kleine Würfel schneiden. Brokkoli waschen, Röschen abtrennen. Frühlingszwiebeln waschen und in feine Ringe schneiden. Kräuter abbrausen, mit Küchenpapier trocken tupfen und klein schneiden. Knoblauch abziehen und in dünne Scheiben schneiden.

Aus Essig, Öl und Senf eine Vinaigrette rühren, mit Pfeffer und Salz abschmecken. Brokkoliröschen in leicht gesalzenem, kochendem Wasser bissfest garen und abkühlen lassen. Nudeln in gesalzenem Wasser „al dente" garen. Nudeln abgießen, kalt abschrecken und mit dem Brokkoli in eine Schüssel füllen. Tomaten, Paprika, Frühlingszwiebeln, Knoblauch und die Kräuter hinzufügen. Vinaigrette dazugießen, Parmesan darüberstreuen und alles gut miteinander vermengen. Noch mal abschmecken und mit den Kapern garnieren.

Tipp: Dieser leckere Salat kann lauwarm oder kalt gegessen werden und passt gut zu Würstchen und Gegrilltem. Eine doppelte Portion auf dem Teller, dekoriert mit einem Spiegelei – schon wird aus dem Salat ein Hauptgericht.

Göttergattensalat

Dieser Salat ist der ideale Start für ein entspanntes Samstagsmenü – wenn Göttergatte Uwe am Herd steht. Für das intensive Geschmacksgeheimnis sorgen marinierte Kirschtomaten. Die Kombination mit grob gemahlenem Pfeffer und aromatischem Büffelmozzarella gibt dem Salat eine angenehm herbe Note.

500 g Kirschtomaten
2 Stängel Basilikum
4 Zweige frischer Thymian
4 Stängel Estragon
1 weiße Zwiebel
2 Kugeln Büffelmozzarella
4 EL Aceto Balsamico bianco
1 TL Tomaten-Balsam-Essig*
4 EL Olivenöl
1 Prise Zucker
1 TL Fleur de Sel
1 TL grob gemahlener Pfeffer (z. B. Melange Noir)

*** Gibt's in Feinkostläden und beim Gourmet-Versand, hält ewig und ist die Anschaffung wert!**

Kirschtomaten waschen, halbieren und Strunk entfernen. In einer kleinen Schüssel mit Zucker, Salz, Essig und Öl vermengen und mit grobem Pfeffer bestreuen. Zugedeckt 30 Min. marinieren.

In der Zwischenzeit Kräuter abbrausen, Blättchen abzupfen und klein schneiden. Zwiebel häuten und in feine Würfel schneiden. Mozzarella zerteilen. In einer Schüssel marinierte Tomaten, Kräuter und Vinaigrette miteinander vermengen. Auf Tellern verteilen und mit Tomaten-Balsam-Essig beträufeln. Geröstetes Bauernbrot dazu reichen.

Tipp: Dazu schmeckt ein Glas Winzersekt oder gereifter Weißburgunder aus dem Holzfass.

Handkäse-Tomaten-Salat

Wer diesen Salat noch nicht in der Offenbacher Weinstube probiert hat, wird die Nase rümpfen wegen der gewagten Mischung. Doch wir können sagen: Hmmmmm, einfach himmlisch gut – unbedingt ausprobieren!

400 g Datteltomaten
400 g grüne Bohnen mit etwas Bohnenkraut
4 große Handkäse vom Wochenmarkt (je ca. 100 g)
1 Blattsalat der Saison (z. B. Romana, roter Eichblatt)
1–2 rote Zwiebeln
1 Prise Zucker
3 EL Balsamessig (Aceto Balsamico)
4 EL Olivenöl
Salz und Pfeffer nach Geschmack

Tomaten waschen, halbieren und Strunk entfernen. Handkäse in Würfel schneiden. Grüne Bohnen und Bohnenkraut waschen. Bohnen halbieren und in Salzwasser 6–8 Min. mit Bohnenkraut bissfest garen. Bohnen in ein Küchensieb geben, mit kaltem Wasser abschrecken und abtropfen lassen. In der Zwischenzeit den Blattsalat waschen und in einer Salatschleuder trocknen.

Zwiebel schälen, halbieren, in Scheiben schneiden und in einer kleinen Pfanne mit 1 EL Öl anschwitzen. Aus dem restlichen Öl sowie Essig, Zucker, Salz und Pfeffer eine Marinade rühren. Die Hälfte der Marinade mit den Bohnen vermischen. Zwiebeln, Tomaten und Handkäsewürfel unter die Bohnen heben, 20 Min. ziehen lassen. Kurz vor dem Servieren den Blattsalat mit dem Rest der Marinade anmachen, den Handkäse-Tomaten-Salat nochmal abschmecken. Blattsalat auf Tellern verteilen und den Handkäse-Salat darauf anrichten.

Tipp: Dazu schmeckt frisches Bauernbrot.

Hessischer Radi-Tomaten-Salat

Die hessische Antwort auf die traditionelle bayerische Brotzeit. Aber die Idee ist nicht geklaut: Die mildere Variante des Radisalats kommt nämlich schon seit Generationen in vielen Dörfern im Westen des Spessarts auf den Tisch, der zum Bundesland Hessen gehört.

500 g Aromatomaten mit festem Fleisch
400 g weißer Rettich
4–5 Blätter frischer Salbei
1 weiße Zwiebel
3 EL Weißweinessig
2 EL Sonnenblumenöl
1 Prise Zucker
Salz und Pfeffer nach Geschmack

Tomaten waschen, vierteln, vom Strunk befreien und in Scheiben schneiden. Zwiebeln abziehen und in Ringe schneiden. Rettich gründlich abbürsten, längs halbieren und in streichholzlange Streifen schneiden. Aus Essig, Öl, Zucker, Salz und Pfeffer eine Vinaigrette rühren. Tomaten, Rettich und Zwiebelringe dazugeben, nach Geschmack nachwürzen. Sofort servieren, damit der Salat nicht zu viel Wasser zieht.

Tipp: Dazu schmeckt gegrilltes Fleisch, gebackener Leberkäse, frisches Holzofenbrot oder Laugengebäck mit Butter als vegetarische Alternative.
Übrigens: Rettich enthält reichlich gesunde Senföle. Sie stärken in der kalten Jahreszeit das Immunsystem.

Panzanella à la Petra

500 g Flaschen- oder Eiertomaten (rote und/oder gelbe)
1 Kopf Romanasalat
½ Bund Basilikum
1 rote Zwiebel
1 Knoblauchzehe
1 italienisches Fladenbrot (Focaccia)
1 Handvoll frisch gehobelter Parmesan
1 EL Schmand
1 EL Honigsenf
4 EL Aceto Balsamico
6 EL Olivenöl
1 Prise Fleur de Sel
Salz und Pfeffer nach Geschmack

Backofen auf 180 Grad (Umluft 160 Grad) vorheizen. Tomaten waschen, je nach Größe halbieren oder vierteln und den Strunk entfernen. Romanasalat zerpflücken, waschen und in einer Salatschleuder trocknen. Basilikum waschen, Blättchen abzupfen und in Streifen schneiden. Fladenbrot schräg in schmale Stücke schneiden. Auf ein Backblech legen, mit Öl beträufeln und 8–10 Min. auf der mittleren Schiene knusprig backen.

In der Zwischenzeit Zwiebeln und Knoblauch abziehen. Zwiebeln in kleine Würfel schneiden, den Knoblauch pressen. Aus Zwiebeln, Knoblauch, Basilikum, Honigsenf und Öl eine Vinaigrette rühren. Mit Salz und Pfeffer abschmecken. Brot aus dem Ofen nehmen und mit Fleur de Sel bestreuen.

Tomaten und Salatblätter mit der Vinaigrette vermengen, die Brotstücke unterheben und Parmesan darüberstreuen.

Tipp: Den Salat möglichst schnell servieren, damit das Brot knusprig ist und nicht zu viel Vinaigrette aufsaugt.

Tomatensalat mit Graved Lachs

Eine feine Vorspeise. Das Aroma des gebeizten Fischs passt wunderbar zur frischen Säure der Tomaten.
Übrigens lässt sich Lachs ganz einfach selbst beizen. Rezepte dazu finden sich in guten Fischkochbüchern oder im Internet.

4 Aromatomaten mit festem Fleisch
200 g Graved Lachs am Stück
3 Stangen Sellerie
½ rote Chilischote
1 Schalotte
1 Prise Zucker
1 TL frischer Zitronensaft
4 EL weißer Balsamessig
3 EL Olivenöl
Salz und Pfeffer nach Geschmack

Tomaten waschen, vierteln, vom Strunk befreien und in Stücke schneiden. Selleriestangen waschen und schräg in 1 cm dicke Stücke schneiden. Chilischote unter heißem Wasser längs aufschneiden, Kerne entfernen und die Schote in feine Ringe schneiden. Schalotte abziehen und fein würfeln. Graved Lachs in mundgerechte Stücke schneiden.

Aus Zitronensaft, Essig, Öl, Schalotten, Zucker, Salz und Pfeffer eine Vinaigrette rühren. Tomaten, Sellerie, Chili und Lachs in eine Schüssel geben, mit der Vinaigrette übergießen und vorsichtig miteinder vermengen. Den Salat einige Min. durchziehen lassen und auf dekorativen Tellern servieren. Nach Geschmack mit frisch gemahlenem schwarzem Pfeffer bestreuen.

Tipp: Dazu schmeckt am besten ein warmes, gebuttertes Vollkorntoastbrot.

Tomaten süßsauer

Ist die Tomate ein Obst oder ein Gemüse? Bei diesem süßsauren Snack ist diese Frage schwer zu beantworten. Lassen wirs doch einfach so stehen: Eine Tomate ist eine Tomate ist eine Tomate. Und über Geschmack streitet man bekanntlich nicht.

1 kg Kirschtomaten oder Mini-San Marzano
1 Bund Frühlingszwiebeln
je nach Geschmack 1 Zweig Zitronenthymian oder Basilikum
2 Lorbeerblätter
450 ml Apfelwein oder Riesling
150 g brauner Zucker
150 ml Weinessig
Salz und Pfeffer nach Geschmack

Tomaten, Frühlingszwiebeln und Kräuter abbrausen. Frühlingszwiebeln in 3 cm lange Querstreifen schneiden. Essig, Wein, Zucker in einem Kochtopf verrühren und kurz aufkochen. Gemüse und Kräuter zugeben, mit Salz und Pfeffer würzen. Mit Frischhaltefolie abdecken und 2–3 Stunden in den Kühlschrank stellen.

Tipp: Dazu passen Mozzarella oder luftgetrockneter Schinken, zum Beispiel Parma, frisches Baguette und Rucola.

Tomatensalat mit Melone

Eine sommerfrische Abwechslung zum klassischen Tomatensalat. Sie schmeckt gut zu gegrilltem Geflügel.

750 g gemischte Tomaten (z. B. Ochsenherzen, Flaschen- und Kirschtomaten in Rot und Gelb)
1 Stück Wassermelone (ca. 350 g)
1 rote Zwiebel
½ Bund frischer Koriander
1 Bio-Zitrone (3 EL frischer Zitronensaft + geriebene Schale von ½ Zitrone)
1 TL Zucker
5 EL Olivenöl
Salz und Pfeffer nach Geschmack

Tomaten waschen, je nach Größe vierteln oder halbieren, Strunk entfernen und Tomatenstücke in eine Schüssel geben. Zwiebel abziehen und in schmale Scheiben schneiden. Vorsichtig die Kerne aus der Melone lösen, Fruchtfleisch in Stücke schneiden. Zwiebelscheiben und Minze zu den Tomaten geben.

Aus Öl, Zitronensaft, Zitronenschale, Zucker, Salz und Pfeffer eine Vinaigrette rühren und auf dem Salat verteilen. Minze abbrausen, mit Küchenpapier trocken tupfen, Blättchen abzupfen und über den Salat streuen. Mit einem Salatbesteck unterheben. Etwas frisch gemahlenen Pfeffer darüberstreuen und den Salat auf Tellern verteilen.

Tipp: Frisches, angewärmtes Fladenbrot dazu servieren.

Sonjas Rucolasalat

Wie bekommt man die ganze Familie dazu, Salat zu essen? Bunt und lecker muss er sein. So wie Sonjas Rucolasalat. Zur Zubereitung braucht sie nicht länger als zehn Minuten.

500 g Kirschtomaten
400 g marktfrischer Rucola
100 g Pinienkerne
frisch gehobelter Parmesan
2 Schalotten
4 EL Aceto Balsamico
3 EL Olivenöl
Salz und Pfeffer nach Geschmack

Tomaten waschen, halbieren und Strunk entfernen. Schalotten abziehen und fein würfeln. Rucola waschen, in einer Salatschleuder trocknen und in eine Schüssel geben. Pinienkerne in einer fettfreien Pfanne anrösten. Aus Schalotten, Essig, Öl, Pfeffer und Salz eine Vinaigrette rühren. Zutaten in einer Schüssel miteinander vermengen und nach Gusto mit gehobeltem Parmesan bestreuen. Auf Teller verteilen und geröstetes Brot dazu reichen.

Tipp: Als Alternative kann man die Pinienkerne durch geschälte, geröstete Kürbiskerne ersetzen.

WUSSTEN SIE, DASS …

… Tomatensaft im Flugzeug fruchtiger schmeckt? Das hat eine Testreihe des Fraunhofer-Instituts im Auftrag der Lufthansa ergeben. Denn Flugpassagiere nehmen den Geschmack von Tomatensaft am Boden und auf Reiseflughöhe völlig unterschiedlich wahr. Der kulinarische Versuch fand im Jahr 2010 in einem Originalrumpf eines Airbus A310 statt, der in einer großen Niederdruckkammer untergebracht war. So konnte der Kabinendruck während eines Flugs simuliert werden. Dabei stellte sich heraus, dass die Probanden bei Normaldruck Tomatensaft deutlich schlechter bewerteten als bei Niederdruck – nämlich als „muffig". Über den Wolken hingegen nahmen die Testpassagiere beim gleichen Tomatensaft „angenehm fruchtige Gerüche und süße, kühlende Geschmackseindrücke" wahr. Der Grund: In 10 000 Metern Höhe sind unsere Geschmacks- und Geruchsnerven wesentlich weniger sensibel. Als Fluggast riecht man Speisen und Getränke so, als hätte man Schnupfen. Deshalb wird das Duftaroma von Gewürzen und Kräutern in der Luft auch schwächer als am Boden empfunden.

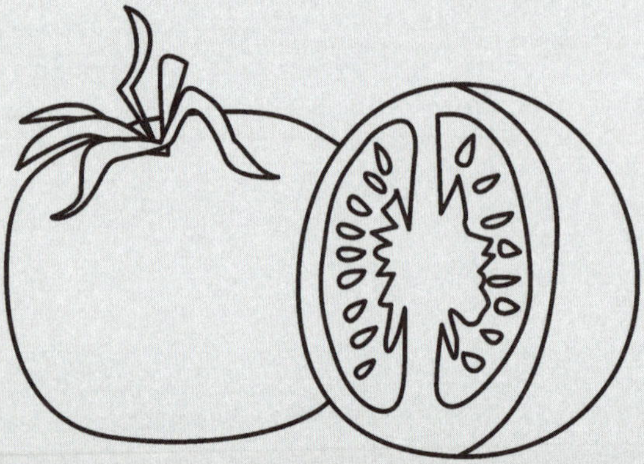

... die Basis für Tomatenpüree meist nicht aus Europa, sondern aus China kommt, auch wenn „mady in Italy" auf der Dose steht? EU-Regeln lassen es nämlich unter bestimmten Bedingungen zu, dass aus importierten Tomaten italienische Nahrungsmittel werden. Ein Beispiel: Im Jahr 2010 hat Italien, der europäische Tomatenkonsument Nummer eins, 153 358 Tonnen eingekochte Tomaten importiert. Davon kamen 121 000 Tonnen aus China. Drei Viertel der Menge waren für den weiteren Export vorgesehen. In diesem Fall ist laut EU-Gesetzgebung nur „ein letzter substanzieller Verarbeitungsschritt" nötig, um die Ware ganz legal als „made in Italy" zu deklarieren: Das Umfüllen vom Schiffscontainer in Konservendosen erfüllt diese Bedingung. Auf Dosentomaten muss nicht ausgewiesen werden, woher die Rohware kommt, bestätigt ein Sprecher der Verbraucherschutzorganisation „Foodwatch".

... sich Spanier jedes Jahr eine rekordverdächtige Tomatenschlacht liefern? Die „Tomatina" findet jedes Jahr Ende August im kleinen spanischen Städtchen Buñol, in der spanischen Region Valencia, statt. Zu diesem Fest, von dem eigentlich niemand so genau weiß, wie es entstanden ist, strömen Tausende Tomatenfans aus aller Welt, um sich in den Straßen mit überreifen Früchten zu bewerfen. Die werden gleich tonnenweise von Lastwagen auf die Bürgersteige gekippt, was die Straßen nach der Schlacht in zahlreiche rote Flüsse aus Tomatensaft verwandelt. Die erste „Tomatina" wurde in den 40er-Jahren ausgetragen. Sie soll zum Spaß erdacht worden sein und hat keinen religiösen Hintergrund. Manche Dorfbewohner behaupten, dass Passanten einen unmusikalischen Straßenmusiker mit Tomaten bewarfen und der die Früchte prompt retournierte. Es kursiert aber auch das Gerücht, dass es bei einer Anti-Franco-Demonstration zur ersten Schlacht gekommen sei. Die „Tomatina" des Jahres 2004 wurde in das Guinnessbuch der Rekorde aufgenommen: Damals hatten sich 38 000 Menschen 60 Minuten lang mit 125 000 Kilogramm Tomaten beworfen.

Gestürzte Tomatentarte

Ein tolles Sommergericht, das auch anspruchsvolle Gäste überrascht.

1 kg rote und gelbe Flaschentomaten (viel Fleisch, wenig „Kernsaft“)
4 Knoblauchzehen, in Scheiben geschnitten
je 2 Zweige frischer Thymian, Oregano und Rosmarin
10 – 15 schwarze Oliven, entkernt, gehackt (Nicoise oder Kalamata)
3 EL Olivenöl
1 TL Puderzucker
Salz und Pfeffer nach Geschmack (z. B. Melange Noir oder roter Pondicherry)

Für eine Tarteform von ca. 28/30 cm aus Porzellan:
250 g Mehl
1 Ei
80 g Olivenöl
Salz

Backofen auf 200 Grad (Umluft 180 Grad) vorheizen. Ei, Öl, Salz, Mehl und 2 EL Wasser zu einem glatten Teig verarbeiten. In Frischhaltefolie wickeln und etwa eine Stunde ruhen lassen – nicht kalt stellen!

In der Zwischenzeit Tomaten waschen, halbieren und Strunk entfernen. Kräuter waschen, Blättchen abzupfen und hacken. Teig zwischen Frischhaltefolie oder Backpapier etwa auf Tarteform-Größe ausrollen.

Tomaten salzen und pfeffern, mit Puderzucker bestreuen. Öl in der Tarteform auf der Herdplatte erhitzen, Knoblauch darin anbraten und von der Herdplatte ziehen. Die gehackten Kräuterblättchen und Oliven in der Tarteform verteilen. Tomaten mit der Schnittfläche eng nebeneinander in die Form setzen. Olivenöl darüberträufeln. Mit einer Teigplatte abdecken und diese leicht andrücken.

20 – 30 Min. auf der mittleren Schiene backen, bis der Teig knusprig ist. Vorsichtig aus der Form lösen und mithilfe eines großen Tellers stürzen. Mit grünem Salat servieren.

Mangold mit Kirschtomaten und Käse

Mit frischem Bauernbrot oder Baguette wird der Salat zu einem knackigen Lunch oder Abendessen. Und wenn kein Mangold zu haben ist, schmeckt auch frischer, junger Spinat. Die zarten Blätter müssen nicht blanchiert werden.

250 g Kirschtomaten
2 Stauden Mangold (je 400–500 g)
200 g Doppelrahm-Frischkäse
1–2 EL Zitronensaft
1 TL Honig
3 EL Sonnenblumenöl
Salz und Pfeffer nach Geschmack

Backofen auf 160 Grad (Umluft 150 Grad) vorheizen. Tomaten waschen, halbieren und Strunk entfernen. Mangold waschen, putzen und Blattstiele herausschneiden. In einem großen Topf mit kochendem Salzwasser etwa 2 Min. blanchieren. Mangold abgießen und die Blätter auf einem mit Backpapier ausgelegten Blech verteilen.
Frischkäse mit einem Teelöffel auf die Mangoldblätter geben. Kirschtomaten auf dem Blech verteilen und alles mit 2 EL Öl beträufeln. Auf der mittleren Schiene im Backofen 10–12 Min. garen, bis der Käse zu schmelzen beginnt.

Inzwischen aus Zitronensaft, Honig und Öl eine Marinade rühren. Nach Ende der Garzeit Mangold-Käse-Tomaten auf Tellern verteilen, die Marinade darüberträufeln, mit Salz und Pfeffer würzen.

Tipp: Am besten schmeckt eine Pfeffermischung wie zum Beispiel Melange Noir zu den Mangold-Tomaten.

Gedünstete Steinpilze mit Tomaten

Steinpilze lassen sich nicht kultivieren. Sie müssen in freier Natur gesucht und gesammelt werden. Das macht die herrlich aromatischen Pilze so teuer, aber die kleine Investition lohnt!

3 reife Fleischtomaten
750 g frische Steinpilze, sauber geputzt
1 Zweig glatte Petersilie
1 Zweig frische Minze
3 Knoblauchzehen, geschält, zerdrückt
125 ml trockener Weißwein
3 EL Olivenöl
Salz und Pfeffer nach Geschmack

Tomaten häuten, halbieren, Strunk samt Kernen entfernen und Tomatenhälften würfeln. Steinpilze mit einer Pilzbürste sorgfältig putzen. Kräuter waschen, Blättchen abzupfen und hacken. Knoblauch häuten und fein würfeln.

Olivenöl in einem breiten Topf erhitzen. Knoblauch und Steinpilze hineingeben und unter gelegentlichem Rühren 2 Min. bei nicht zu starker Hitze braten. Tomaten zugeben, weitere 2 Min. garen lassen. Mit Wein ablöschen, mit Salz und Pfeffer abschmecken und weitere 5 Min. köcheln lassen. Kräuter hinzugeben und unterrühren. Sofort servieren.

Tipp: Wenn keine frischen Steinpilze zu haben sind, kann man sie durch Pfifferlinge, Kräutersaitlinge oder dunkle Champignons ersetzen.

Grüner Spargel mit getrockneten Tomaten

Diese sommerfrische Beilage schmeckt hervorragend zu gebratenem Geflügel und Fisch.

10 getrocknete Tomaten, in Öl
500 g grüner Spargel
½ Bund glatte Petersilie
2 Knoblauchzehen, geschält
½ Bio-Zitrone
2 EL Olivenöl
1 Prise Zucker
Salz und Pfeffer

Tomaten abtropfen lassen und in schmale Streifen schneiden. Spargelstangen waschen, die unteren Enden etwa 2 cm dick abschneiden. Stangen dritteln und in kochendem Salzwasser mit einer Prise Zucker 6–7 Min. garen.

In der Zwischenzeit Petersilie waschen, Blättchen abzupfen und fein hacken. Knoblauch abziehen und in feine Stifte schneiden. Zitrone heiß abwaschen, abtrocknen und davon einige feine Zesten abhobeln. 1–2 TL Zitronensaft auspressen.

Öl in einer Pfanne erhitzen, darin Knoblauch und Petersilie andünsten. Tomaten und Zitronenzesten zugeben. Mit Zitronensaft, Salz und Pfeffer abschmecken. Spargel abgießen und unter die Ölmischung heben. Kurz darin schwenken und servieren.

Tipp: Diese Beilage lässt sich auch sehr einfach in ein vegetarisches Hauptgericht verwandeln. Dazu die Zutaten aus der Pfanne auf Toastscheiben verteilen und mit je einer Scheibe Gruyère oder Emmentaler bedecken. Im vorgeheizten Backofen bei 180 Grad überbacken, bis der Käse eine goldgelbe Kruste bildet.

Tomatenlasagne

Dieses Rezept ist eine vegetarische Mischung aus italienischer Lasagne und griechischer Moussaka. Sie lässt sich jedoch viel einfacher zubereiten und ist ein kalorisches Leichtgewicht. Wir haben es auf der Speisekarte in der Weinstube im Offenbacher Nordend entdeckt und mit Auberginen verfeinert.

1 kg marktfrische Fleischtomaten
2 mittelgroße Auberginen
1 Handvoll Basilikumblätter
1 kleines Glas Basilikumpesto
2 Kugeln Büffelmozzarella
1–2 Handvoll frisch geriebener Pecorino
6 EL Olivenöl
Salz und Pfeffer nach Geschmack

Tipp: Olivenbrot passt am besten zur Tomaten-Lasagne. Für Gäste kann die Lasagne auf mehrere feuerfeste Schälchen verteilt werden. Die fertig gebackene Lasagne dann auch in den Schälchen servieren.

Backofen auf 190 Grad (Umluft 170 Grad) vorheizen. Tomaten waschen, vom Strunk befreien und horizontal in Scheiben schneiden. Basilikum abbrausen und Blättchen abzupfen. Büffelmozzarella in einem Sieb abtropfen lassen und in Scheiben schneiden. Pecorino reiben. Auberginen waschen, den Strunk abschneiden. Die Auberginen der Länge nach in 0,5 cm dicke Streifen schneiden.

4 EL Olivenöl in einer Pfanne erhitzen. Der Boden der Pfanne sollte stets mit Öl leicht bedeckt sein. Die Auberginenscheiben portionsweise auf beiden Seiten goldbraun braten, mit Salz und Pfeffer würzen, auf Küchenpapier legen und das Fett aufsaugen lassen.

Eine rechteckige Auflaufform mit Öl ausfetten. Mit Tomaten auslegen, diese mit etwas Pesto bestreichen, Büffelmozzarella und Auberginen darauf schichten, mit Pecorino, Salz und Pfeffer bestreuen. In dieser Reihenfolge fortfahren, bis alle Zutaten verbraucht sind. Die oberste Schicht mit Pecorino bestreuen und mit Öl beträufeln.

20–30 Min. im Ofen auf mittlerer Schiene überbacken. Auf Tellern verteilen und mit Basilikumblättchen dekorieren.

Buntes Sommergratin

Ein schneller und kinderleichter Veggie-Schmaus aus der schlanken Küche.

4 Fleischtomaten
4 Zucchini
1–2 Scheiben schnittfester Schafskäse
1 Gebinde frische Kräuter der Provence (oder je 2 Zweige Thymian, Rosmarin, Oregano, Majoran und Basilikum)
2 Knoblauchzehen
3–4 EL Olivenöl
Salz und Pfeffer nach Geschmack (z. B. Melange Noir)

Backofen auf 180 Grad (Umluft 160 Grad) vorheizen. Tomaten waschen, vom Strunk befreien und in Scheiben schneiden. Schafskäse in daumendicke Streifen schneiden. Alle weiteren Zutaten waschen und in Scheiben schneiden, Kräuter hacken. Knoblauch abziehen und fein hacken. Das Gemüse mit dem Schafskäse dachziegelartig in die Form setzen. Knoblauch in Scheiben dazwischen stecken, mit Kräutern bestreuen und Olivenöl darüber träufeln.

Rund 30 Min. im Backofen auf mittlerer Schiene backen, je nachdem, wie bissfest die Zucchini noch sein sollen. Nach dem Backen mit frisch gemahlenem Pfeffer bestreuen und sofort servieren.

Tipp: Dazu schmeckt am besten frisches Fladenbrot oder Baguette.

Konstanzes schneller Seelentröster

Wenn die Sehnsucht nach Sommer und Sonne besonders groß ist und es mit dem Essen schnell gehen soll, ist das Konstanzes Patentrezept für gute Laune.

Pro Person 2 reife Aromatomaten
je ½ TL Thymian, Rosmarin, Oregano und Majoran, frisch oder getrocknet
1 Schalotte oder 2 Frühlingszwiebeln
1 Knoblauchzehe
1–2 Bio-Eier
2 EL Olivenöl
4 EL frisch geriebener Parmesan oder Pecorino
Fleur de Sel und Pfeffer nach Geschmack

Tomaten waschen, vom Strunk befreien und in Scheiben schneiden. Frische Kräuter waschen, Blättchen abzupfen und fein hacken. Schalotten und Knoblauch abziehen, fein würfeln und in einer Pfanne mit Olivenöl andünsten. Tomatenscheiben hinzugeben, mit Fleur de Sel und frisch gemahlenem Pfeffer würzen. Tomaten 2–3 Min. schmoren lassen.

In der Zwischenzeit Ei mit 3 EL Parmesan und etwas Mineralwasser verquirlen. Die Masse über die Tomaten gießen und stocken lassen.

Zum Servieren die Tomatenpfanne mit Kräutern und dem restlichen Parmesan bestreuen. Dazu schmeckt Feldsalat oder Eichblattsalat, frisches Bauernbrot und ein leichter Rotwein.

Tipp: Wer es herzhafter mag, kann den Seelentröster mit Champignons und Schnittlauch, mit Schinkenwürfeln oder Krabben ergänzen. Und wer mag, kann den Seelentröster in einem Glas für die Mikrowelle auch im Büro zubereiten. Dazu Tomaten und Zwiebeln würfeln und alle Zutaten miteinander verrühren. Ins Glas füllen und offen bei max. 500 Watt etwa 90 Sekunden in der Mikrowelle garen. Umrühren und je nach Konsistenz kurz fertig garen.

Pizza nach Bauernart

Die lässige Alternative zur Pizza Margherita. Es lohnt sich, den Pizzateig aus frischer Hefe selbst zu machen und nicht zu fertigem Teig in der Kühltruhe zu greifen. Raffiniert verfeinern lässt sich der Teig, wenn man beim Kneten je zwei Teelöffel gehackten Rosmarin und fein gewürfelte, getrocknete Tomaten hinzugibt.

4–5 Tomaten, z. B. Ochsenherz, San Marzano
2–3 Stängel Basilikum
3 TL getrockneter Oregano
2–3 Kugeln Büffelmozzarella
250 g Mehl
10 g frische Hefe
3 EL Tomatenmark
1 Prise Zucker
3–4 TL Olivenöl
Salz und Pfeffer nach Geschmack

Tipp: Statt Tomatenmark einige Löffel selbst gemachten Tomatensugo (S. 197) zum Bestreichen nehmen. Er gibt der Pizza einen noch intensiveren Geschmack.

Hefe mit 2 EL lauwarmem Wasser und dem Zucker verrühren, 2 EL Mehl zugeben. Mit einem Küchentuch abdecken, Vorteig 30 Min. an einem warmen Ort gehen lassen.

Restliches Mehl in eine Schüssel sieben. Mit dem Vorteig, 1 TL Öl, 1 Prise Salz und Wasser vermischen, alles gut durchkneten. Abgedeckt weitere 60 Min. gehen lassen. Inzwischen den Backofen auf 200 Grad (Umluft 180 Grad) vorheizen.

Tomaten abbrausen, vom Strunk befreien und in Spalten schneiden, Mozzarella in Streifen schneiden. Basilikum abbrausen, Blätter abzupfen und mit etwas Öl beträufeln, Tomatenmark in etwas Wasser auflösen.

Teig auf einer Arbeitsfläche ausrollen, auf ein geöltes Backblech geben, mit Tomatenmark bestreichen, mit 2 TL Oregano, Salz und Pfeffer bestreuen. Im Ofen auf mittlerer Schiene 15–20 Min. goldgelb backen.

Nach dem Backen mit Tomaten, Mozzarella, dem Basilikum und restlichen Oregano bestreuen und mit dem übrigen Olivenöl beträufeln.

Schmorgemüse

Sehr dekorativ sieht dieses vegetarische Gericht aus, wenn jedem Esser ein eigenes Förmchen serviert wird. Eine Handvoll Feta-Würfel machen das leichte Sommergericht etwas nahrhafter.

500 g bunte Kirschtomaten
500 g mittelgroße, festkochende Kartoffeln
je 3 Zweige Oregano und Thymian (oder je 1 EL getrocknete Kräuter)
4–5 Knoblauchzehen
1 Handvoll schwarze Oliven ohne Stein
4–5 EL Olivenöl
Salz und Pfeffer nach Geschmack

Backofen auf 180 Grad (Umluft 160 Grad) vorheizen. Tomaten waschen, halbieren und vom Strunk befreien. Knoblauch abziehen und vierteln. Kartoffeln schälen und vierteln. Kräuter abbrausen, Blättchen abzupfen und hacken.

Tomaten, Knoblauch und Kartoffeln in eine feuerfeste Form geben. Kräuter und Oliven darüber verteilen. Mit Salz und Pfeffer würzen, Olivenöl unterrühren und im Backofen auf mittlerer Schiene 30 Min. garen.

Tipp: Dazu passt frisches Holzofenbrot oder Ciabatta. Das Schmorgemüse ist auch eine köstliche Beilage zu Fisch oder Fleisch.

Tomatensülzchen mit Ziegenfrischkäse

750 g Tomaten
4 Ziegenfrischkäsetaler
2 Stängel Basilikum
2 Stängel glatte Petersilie
1 EL Knoblauch
1 Eigelb
1 Msp. gemahlener roter Chili
19 g Blattgelatine (ca. 11 Stück) oder Agar-Agar
75 ml Vollmilch
50 ml Sahne
1½ EL Weißweinessig
2 EL Nussöl
Salz und Pfeffer nach Geschmack

Tomaten häuten, entkernen und vierteln. Knoblauch abziehen. Petersilie und Basilikum waschen und Blättchen abzupfen. Alle Zutaten im Mixer zerkleinern und Öl, Pfeffer und Salz zufügen.

Sahne schlagen. Milch erwärmen, in Wasser eingeweichte Gelatine darin auflösen und ins Tomatenpüree gießen. Eigelb und geschlagene Sahne einrühren.

Nochmals abschmecken (Gelatine „frisst“ viel Salz!). 4 Auflaufförmchen (etwa 8 cm Durchmesser, 6 cm hoch) mit einer Schicht Tomatenpüree befüllen und kalt stellen, bis die Masse angezogen hat. Dann je einen Ziegenkäsetaler einlegen und mit Püree auffüllen, bis der Taler bedeckt ist.

Kalt stellen, bis die Masse schnittfest ist. Kurz vor dem Servieren vorsichtig mit einem Messer am inneren Rand der Form entlangfahren, um das Törtchen aus der Form zu lösen. Auf einen Teller stürzen und beliebig garnieren.

Tipp: Als Vorspeise für Gäste die Sülzchen mit halbierten Kirschtomaten oder Rucolablättern servieren. Wer den Geschmack von Ziegenkäse nicht mag, kann ihn durch Ricotta ersetzen.

Spargel-Tomaten-Toast

Spargel und Tomaten, passt das denn? Na klar, und wie! Das intensive Aroma von ofengetrockneten Tomaten und rotem Basilikum zu frischem Spargel und knusprig-nussigem Parmesan-Toast hat Suchtpotenzial!

10–12 ofengetrocknete Tomaten in Öl
250 g weißer Spargel
je 1 kleine gelbe und orangene Karotte
2–3 Stängel rotes Basilikum
1 kleines Stück Parmesan
4 Scheiben Vollkorntoastbrot
2 Eier
50 ml Milch
2 EL weißer Balsamessig (Aceto Balsamico bianco)
3 EL Olivenöl
Salz und Pfeffer nach Geschmack

Tomaten in einem Sieb abtropfen lassen, das Öl auffangen. Tomaten in schmale Streifen schneiden. Basilikum waschen, Blättchen abzupfen. Einige Blättchen als Deko zur Seite legen, den Rest hacken. Spargel schälen, die holzigen Enden abschneiden. Stangen längs halbieren und schräg in 3–4 cm dicke Stücke schneiden. Karotten schälen und in dünne Scheiben schneiden.

Käse mit Milch und Eiern verrühren, mit Salz und Pfeffer abschmecken. Die Toastscheiben in eine Form legen, mit der Käse-Ei-Masse übergießen und 20 Min. einweichen lassen. In der Zwischenzeit das aufgefange Öl und 2 EL Olivenöl in einer Pfanne erhitzen, Karotten und Spargel darin bei mittlerer Hitze 8–10 Min. bissfest anbraten.

In einer zweiten Pfanne 2 EL Öl erhitzen und die Toastbrote von beiden Seiten goldgelb rösten.

Kurz bevor der Spargel gar ist, Tomaten zum Spargelgemüse geben und Basilikum untermischen. Gemüse mit Balsamico, Pfeffer und Salz abschmecken.

Toasts auf vier Teller legen und das Spargel-Tomaten-Gemüse darauf verteilen. Mit roten Basilikumblättchen dekorieren.

Tipp: Das rote Basilikum – auch „Chianti" genannt – hat ein wesentlich intensiveres Aroma als die herkömmliche grüne Sorte. Die purpurroten Blätter passen perfekt zu Mozzarella und Tomaten. Die „Roten" sind auf dem Wochenmarkt zu haben.

Tomaten im Schlafrock

Pilze und Tomaten sind eine besonders köstliche Kombination und eine edle Beilage. Zum Beispiel zu einem saftigen Steak oder Wild, wie zum Beispiel Hasenlendchen oder Hirschmedaillon.

4 große Fleischtomaten
4 getrocknete Tomaten in Öl
je 2 frische Zweige Rosmarin, Oregano und Thymian (oder je 1 TL getrocknete Kräuter)
8 dünne Scheiben Schafskäse (Feta)
4–6 Frühlingszwiebeln
1 rote Chilischote
1 Bio-Zitrone
4 EL Olivenöl
Pfeffer und Salz nach Geschmack
4 Bögen Backpapier oder 4 Platten Blätterteig

Frische Tomaten waschen und in dünne Scheiben schneiden. Getrocknete Tomaten in einem Sieb abtropfen lassen und fein würfeln. Chili längs aufschneiden und die Kerne entfernen, Schote in feine Ringe schneiden. Kräuter abbrausen, Blättchen abzupfen und fein hacken. Frühlingszwiebeln waschen, mit Küchenpapier trocken tupfen, die Stängel in 3–4 Zentimeter lange Stücke schneiden und in einer kleinen Pfanne in Olivenöl 1–2 Min. andünsten. Zitronenschale heiß abwaschen, trocken reiben und halbieren. Eine Zitronenhälfte in dünne Scheiben schneiden und halbieren.

Backofen auf 180 Grad (Umluft 160 Grad) vorheizen. Je eine Scheibe Schafskäse auf die Mitte eines Backpapiers setzen. Bei Verwendung von Blätterteig die Platten quadratisch auf ca. 20 x 20 cm zuschneiden. Den Feta mit einigen Frühlingszwiebeln, Tomatenscheiben und -würfeln belegen, mit Kräutern und Chiliringen bestreuen. Eine weitere Scheibe Schafskäse daraufschichten und die restlichen Zutaten darüber verteilen. Mit Salz und Pfeffer würzen und mit ein wenig Olivenöl beträufeln.

Die seitlichen Enden der Päckchen zur Mitte hin falten. So gut verschließen (z. B. mit Küchengarn), dass keine Flüssigkeit auslaufen kann. Im Backofen auf der mittleren Schiene etwa 15 Min. backen.

Tipp: Die Tomaten im Schlafrock lassen sich nach Herzenslust füllen und zum Beispiel mit Olivenscheiben, Kapern oder Paprika ergänzen. Dazu passt frisches Olivenbrot oder Focaccia.

Tomaten-Käse-Gratin

Eine schnelle Beilage zu Steak, Schnitzel oder Grillfleisch. Als doppelte Portion wird daraus ein leckeres Hauptgericht.

800 g gemischte Fleischtomaten, rote und gelbe
500 g Kartoffeln
1 Bund Bohnenkraut
400 g frischer Weichkäse oder Blauschimmelkäse
250 g Sahne
Öl für die Form
Salz und Pfeffer nach Geschmack

Backofen auf 200 Grad (Umluft 180 Grad) vorheizen. Tomaten waschen, vom Strunk befreien und in Scheiben schneiden. Kartoffeln schälen und in dünne Scheiben schneiden. Käse in Scheiben oder Stücke schneiden.

Eine Auflaufform mit Öl bestreichen. Tomaten, Kartoffeln und Käse abwechselnd einschichten. Sahne gleichmäßig darüber verteilen, mit Salz und Pfeffer würzen. 30 Min. im Backofen auf mittlerer Schiene goldbraun backen. Inzwischen Bohnenkraut waschen, Blättchen abzupfen und hacken. Kräuter auf dem fertigen Gratin verteilen.

Tipp: Dazu schmeckt am besten frisches Bauernbrot. Wer gerne grünen Spargel isst, kann das Rezept mit 500 Gramm blanchiertem Wurzelgemüse in Grün verfeinern.

WUSSTEN SIE, DASS ...

...Tomaten mit ein paar Tropfen Olivenöl oder einem Stückchen Avocado eine gesündere Wirkung haben? Denn das in Tomaten enthaltene Lycopin ist fettlöslich und kann in Kombination mit Fett seine antioxidative Wirkung als „Radikalfänger" voll entfalten. Die von Experten empfohlene Tagesdosis von Lycopin beträgt 6 Milligramm. 1 Kilogramm Tomaten enthält etwa 20 Milligramm Lycopin. Übrigens: Lycopin aus Tomatensaft, -sugo oder -püree – also von hitzebehandelten Produkten – wird beutend besser vom Körper aufgenommen als solches aus roh verzehrten Tomaten.

...Tomaten ein Naturkosmetikum gegen Akne sind? Zubereitet als Gesichtsmaske, gleichen die Inhaltsstoffe den Feuchtigkeitshaushalt fettiger Haut aus und verbessern das Hautbild: Die Talgproduktion wird gesenkt, ohne die Haut auszutrocknen. Und so gehts: Eine große, sehr reife Fleischtomate enthäuten und mit einer Gabel zu Brei zerdrücken. Den roten Brei auf der T-Zone – Stirn, Nasenrücken und Wangen – verteilen und 30 Minuten einwirken lassen. Danach mit lauwarmem Wasser abspülen.

...Tomaten Sonnenbrand lindern können? Und so gehts: Die gereizte Haut einfach mit reifen Tomatenhälften einreiben, das sorgt für Kühle und beruhigt.

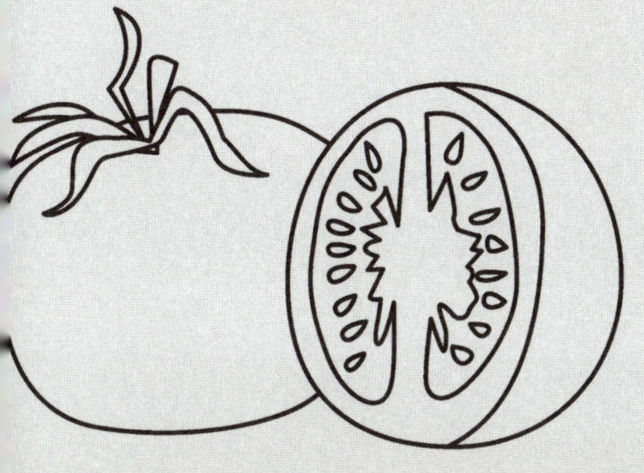

Kaninchen mit Schmorgemüse

Olé, cocina española! Dieses Rezept ist unsere Variante des traditionellen spanischen „Conejo con aceitunas", Kaninchen mit Oliven.

4 Kaninchenschenkel
500 g bunte Kirschtomaten
500 g mittelgroße, festkochende Kartoffeln
je 3 Zweige Oregano und Thymian (oder je 1 EL getrocknete Kräuter)
5–6 Knoblauchzehen
1 Handvoll schwarze Oliven ohne Stein
4–5 EL Olivenöl
Salz und Pfeffer nach Geschmack

Backofen auf 180 Grad (Umluft 160 Grad) vorheizen. Tomaten waschen, halbieren und vom Strunk befreien. Knoblauch abziehen und vierteln. Kartoffeln schälen und vierteln. Kräuter abbrausen, Blättchen abzupfen und hacken. Kaninchenschenkel abbrausen, mit Küchenpapier trocken tupfen und würzen.

Eine große, feuerfeste Form mit Öl auspinseln, Kaninchenschenkel, Tomaten, Knoblauch, Oliven und Kartoffeln hineingeben. Kräuter darüber verteilen. Mit Salz und Pfeffer würzen. Olivenöl darüberträufeln und im Backofen auf mittlerer Schiene 30–40 Min. garen.

Tipp: Noch saftiger werden die Kaninchenschenkel, wenn sie vor dem Braten mit dünnen Speckstreifen umwickelt werden.

Ossobuco mit ganzen Tomaten

Dieser italienische Klassiker gelingt am besten in großer Menge und kann bei niedriger Temperatur im Ofen gut warm gehalten werden.

6–8 reife Fleischtomaten
4–6 Scheiben Kalbshaxe (ca. 3 cm dick)
je ein Zweig Petersilie, Thymian, Majoran und Rosmarin
2 Lorbeerblätter
2 Karotten
½ Knolle Sellerie
3 große Zwiebeln
3 Knoblauchzehen
1 TL geriebene Bio-Zitronenschale
3 EL Tomatenmark
1 Fleischbrühwürfel
½ l trockener Rotwein
1 EL Mehl zum Bestäuben
4–5 EL Olivenöl
Salz und Pfeffer nach Geschmack

Backofen auf 180 Grad (Umluft 160 Grad) vorheizen. Tomaten abbrausen, halbieren und vom Strunk befreien. Sellerie und Karotten schälen, klein würfeln. Zwiebeln und Knoblauchzehen abziehen, fein würfeln. Petersilie abbrausen, trocken schütteln und fein hacken. Haxenscheiben mit Küchenpapier trocken tupfen und rundum mit Mehl bestäuben. Olivenöl in einem Bräter erhitzen, Haxen zugeben und ringsum kräftig anbraten.

Fleisch salzen, pfeffern, aus dem Bräter nehmen und zur Seite stellen. Gewürfeltes Gemüse in den Bräter geben und kurz andünsten. Tomaten und Beinscheiben auf dem angedünsteten Gemüse verteilen. Übrige Kräuter und Gewürze darüberstreuen.

In einem Becher Fleischbrühe, Rotwein, Tomatenmark und Zitronenschale verrühren, über das Fleisch gießen. Zugedeckt etwa 2 Stunden im Ofen auf mittlerer Schiene schmoren.

Tipp: Ein tolles Gästeessen! Am besten Breitbandnudeln dazu reichen. Wer mag, kann eine Handvoll geriebenen Emmentaler über das Schmorgericht streuen.

Lamm im Tomatenbett

Tomate mit Lamm ist eine besonders köstliche Kombination. Das orientalische Gewürz Ras el Hanout sorgt für den Aromakick.

1 kg Fleischtomaten
4 Lammfilets (à ca. 120 g)
500 g Zwiebeln
6 Zweige Thymian
Ras el Hanout
1–2 TL Akazienhonig
5 EL Olivenöl
Salz und Pfeffer nach Geschmack

Tomaten häuten, vom Strunk befreien und in Würfel schneiden. Thymian waschen, Blättchen abzupfen, eine Hälfte der Blättchen fein hacken. Zwiebeln schälen, halbieren und in dünne Streifen schneiden.

Lammfilets von Häutchen und Fett befreien, mit 1 EL Öl einpinseln, pfeffern und mit gehacktem Thymian bestreuen. In Frischhaltefolie wickeln und 30 Min. marinieren.

2 EL Öl erhitzen, die Zwiebeln darin 10–15 Min. dünsten, dabei häufig wenden. Mit Salz, Pfeffer und Ras el Hanout würzen. Honig zugeben und unter Rühren leicht karamellisieren lassen. Tomatenwürfel zugeben und zugedeckt etwa 20–30 Min. köcheln lassen.

Lammfilets abtupfen. Das restliche Öl in einer Pfanne erhitzen, darin die Filets auf jeder Seite etwa 2 Min. braten. Herausnehmen und kurz ruhen lassen. Das Fleisch schräg aufschneiden, auf der Tomatensauce anrichten und mit Thymianblättchen bestreuen.

Tipp: Ras el Hanout ist im Gewürzladen, auf dem Wochenmarkt oder im gut sortierten Supermarkt zu bekommen. Diese sehr aromatische Gewürzmischung wird auch zum Würzen von Couscous verwendet.

Marsala-Hähnchen

Das Hähnchenfleisch muss über Nacht im Kühlschrank mariniert werden. Aber die Geduld lohnt sich – dieses Gericht schmeckt einfach wunderbar!

16–20 Kirschtomaten
1 Maishähnchen zum Braten (ca. 1,2 kg) oder 5–6 Teile (z. B. Brustfilets und Hähnchenschenkel)
4 Knoblauchzehen
1 EL Pinienkerne
250 ml Marsala oder Sherry Fino
2 EL Honig
2 EL Olivenöl
Salz und Cayennepfeffer

Für die Marinade den Knoblauch abziehen und fein hacken. Marsala oder Sherry in einem Topf zum Kochen bringen. Knoblauch und Honig darin verrühren und bei schwacher Hitze 1 Minute garen lassen.

Inzwischen das Hähnchen in 5–6 Stücke zerlegen, kalt abspülen und mit Küchenpapier trocken tupfen. Mit Salz und Cayennepfeffer würzen. Teile in eine Schüssel legen und mit der Marinade übergießen. Zugedeckt 12 Stunden im Kühlschrank ziehen lassen.

Die Hähnchenteile aus der Marinade nehmen und mit Küchenpapier abtupfen. Öl in einer Pfanne erhitzen und das Fleisch darin bei mittlerer Temperatur 7–8 Min. rundum goldgelb anbraten. Marinade durch ein feines Sieb dazugießen. Zugedeckt bei schwacher Hitze 15 Min. schmoren. Gelegentlich wenden und bei Bedarf etwas Wasser angießen.

Tomaten waschen und in der Hähnchenpfanne verteilen. Pinienkerne darüberstreuen und alles weitere 5 Min. schmoren. Zur Garprobe mit einem spitzen Messer an der dicksten Stelle einer Keule bis zum Knochen einstechen. Wenn der Bratensaft hell ist, ist das Hähnchen gar. Ist der Saft noch rosa, weitere 5 Min. schmoren.

Tipp: Als Beilagen passen Safranreis und Zuckerschoten.

Lachsfilet mit Tomatenragout

Knuspriger Blätterteig, fruchtige Tomaten und saftiger Fisch – in Nullkommanichts zubereitet und einfach köstlich.

3–4 Tomaten (z. B. San Marzano)
2 Stängel Basilikum oder Oregano
1 Handvoll getrocknete Tomaten
2–3 Lachsfilet (à 80–100 g)
1 Packung Tiefkühlblätterteig
2 TL Olivenöl
1 Eigelb
Salz und Pfeffer nach Geschmack

Blätterteig auftauen.
Backofen auf 180 Grad (Umluft 160 Grad) vorheizen, ein Backblech mit Backpapier auslegen. Tomaten und Kräuter abbrausen. Kräuterblätter abzupfen und hacken. Tomaten waschen, vom Strunk befreien und in Scheiben schneiden.
Getrocknete Tomaten würfeln, in einem Schälchen mit Kräutern und Olivenöl vermischen.

Aus vier Platten Blätterteig je ein Quadrat schneiden. Tomatenragout in der Mitte der Quadrate verteilen. Lachsfilets halbieren, beidseitig würzen und auf das Ragout geben. Mit ein oder zwei Tomatenscheiben dekorieren.

Die Ränder mit Eigelb einpinseln und die Blätterteigkissen auf einem mit Backpapier ausgelegten Blech verteilen.

Tipp: Dazu schmeckt ein selbst angerührter Quark mit frischen Kräutern der Saison.

Mediterrane Fischröllchen

Für dieses Rezept eignen sich Fischsorten mit festem Fleisch besonders gut, zum Beispiel Seezunge, Dorade, Zander oder Pangasius.

250 g Kirschtomaten
4–5 getrocknete Tomaten in Öl
2 reife Fleischtomaten
8 dünne, längliche, weiße Fischfilets
2 Stängel frischer Basilikum
½ rote Chilischote
2 Knoblauchzehen
2 EL Salzkapern (oder eingelegte Kapern)
5 EL Olivenöl
Salz und Pfeffer nach Geschmack
4 kleine Holzspieße

Fleischtomaten waschen, vierteln und in hauchdünne Scheiben schneiden. Kirschtomaten waschen und halbieren. Getrocknete Tomaten abtropfen lassen und sehr fein würfeln. Kapern in einem Sieb gründlich abspülen, abtropfen lassen und in kleine Würfel schneiden. Knoblauch abziehen und fein hacken. Basilikum waschen, Blättchen abzupfen und fein hacken. Chilischote unter fließendem Wasser längs aufschneiden und die Kerne entfernen, Chili fein würfeln.

Die getrockneten Tomaten abgießen und ausdrücken. Mit Kapern und der Hälfte der Basilikumblättchen, Knoblauch, Chili sowie 2 EL Olivenöl zu einer Marinade verrühren.

Backofen auf 160 Grad (Umluft 140 Grad) vorheizen. Fischfilets abbrausen, mit Küchenpapier trocken tupfen, mit der Tomatenmarinade bestreichen und dünn mit Tomatenscheiben belegen. Mit einem scharfen Messer in daumendicke Scheiben schneiden und zu Röllchen drehen.

Eine feuerfeste Form reichlich mit Olivenöl einfetten. Die Rollen in die Form geben und mit 1 EL Olivenöl bestreichen. Tomaten mit der Schnittfläche nach oben um die Scheiben verteilen. Fisch und Tomaten mit Salz und Pfeffer würzen. Rollen im Backofen auf dem mittleren Rost 15–20 Min. garen lassen. Fisch und Tomaten sofort servieren.

Tipp: Dazu passen ein frischer grüner Salat und Ciabatta oder Baguette.

Seemannsragout mit San-Marzano-Tomaten

Ein schnell zubereitetes Fischgericht für Köche, die Lust auf Meer haben.

500 g San-Marzano-Tomaten
2 kleine Fenchelknollen mit möglichst viel Grün
2 Knoblauchzehen
400 g geschälte Garnelen, gegart oder roh
2 Scheiben Lachsfilet (à 80 – 100 g)
½ Bio-Zitrone
2 ½ Schnapsgläschen Pastis
6 EL Olivenöl
Salz und bunter Pfeffer nach Geschmack

Tomaten waschen und vierteln. Fenchel waschen, den Strunk herausschneiden, grüne Stängel abschneiden und zur Seite legen. Die Fenchelknollen vierteln und in Stücke schneiden. Knoblauch abziehen und fein würfeln. Zitrone heiß abwaschen, halbieren, ein wenig Schale abreiben und die Zitronenhälften in vier Teile schneiden.

Lachsfilets abbrausen, mit Küchenpapier trocken tupfen und in daumendicke Würfel schneiden. Die Garnelen evtl. putzen (Kopf und Schwanz abtrennen, Körper am Rücken aufschneiden und die schwarze Darmschnur entfernen). Anschließend kalt abspülen und mit Küchenpapier trocken tupfen. 3 EL Olivenöl in einer großen Pfanne erhitzen, Knoblauch und Fenchel 4 – 5 Min. garen, bis der Fenchel bissfest ist. Mit Pastis ablöschen, Tomaten unterrühren und mit Salz und Pfeffer würzen. Kurz aufkochen lassen. Nochmals mit Salz und Pfeffer würzen.

Restliches Öl in eine zweite Pfanne geben, darin die Garnelen und Lachsstückchen mit etwas Zitronenschale bei milder Hitze 3 – 4 Min. von allen Seiten anbraten. Fisch und Meeresfrüchte unter das Gemüse heben, eventuell nachwürzen. Möglichst heiß servieren und mit Fenchelgrün dekorieren.

Tipp: Dazu schmeckt am besten frisches Baguette.

Muscheln mit Tomatenvinaigrette

„Meide Muscheln im Sommer!" heißt eine alte Regel. Zu dieser Jahreszeit vermehren sich Algen, die in hoher Konzentration giftig sind. Sie dienen auch Muscheln als Nahrung. Doch Muscheln aus dem Supermarkt oder Fischladen können das ganze Jahr über gefahrlos verzehrt werden. Denn nach dem Fang kommen sie für 14 Tage in algenfreies Wasser, dann erst in den Handel.

5–6 saftige Fleischtomaten
2 gelbe oder orangefarbene Karotten
½ Bund Petersilie
1 Zwiebel
2 Lorbeerblätter
1 ½–2 kg große Miesmuscheln
6 EL Olivenöl
Salz und Pfeffer nach Geschmack

Tomaten häuten, vom Strunk befreien und würfeln. Karotten schälen und in dünne Scheiben schneiden. Petersilie waschen, Blättchen abzupfen und fein hacken. Zwiebel häuten und in dünne Ringe schneiden. Muscheln gründlich abbürsten und waschen, evt. entbarten (schwarze Härchen aus den Muscheln ziehen). In einem Topf 5 cm hoch Wasser zum Kochen bringen. Die Muscheln darin zugedeckt bei starker Hitze 4–5 Min. garen. Dabei den Topf gelegentlich rütteln. Muscheln herausnehmen.

In einem großen Topf Zwiebel und Karotten mit Öl andünsten, Tomaten und Lorbeer zugeben und 4–5 Min. köcheln. Petersilie zugeben, salzen und pfeffern. Die Muscheln mit der Schale in die Tomatensoße geben und kurz erwärmen.

Tipp: Dazu schmeckt am besten frisches Baguette.

Seeteufel mit Tomaten

Dieses Gericht macht einfach Lust auf Sommer, Sonne und Meer.

1 kg Kirschtomaten
600 g Seeteufelfilet
½ Bund Minze
1 rote Zwiebel
2 Knoblauchzehen
1 Chilischote
1 Bio-Zitrone
1 EL Honig
4 EL Olivenöl
2 EL Bratöl
1 TL geräuchertes Paprikapulver „edelsüß“ (Pimenton de la vera „dulce“)
2 EL Mehl
Salz und Pfeffer nach Geschmack

Tomaten waschen, halbieren und entkernen. Minze waschen, Blättchen abzupfen und hacken. Knoblauch abziehen und fein würfeln.

Chilischote längs aufschneiden und die Kerne entfernen. Die Schote fein würfeln. Zwiebel häuten und in schmale Ringe schneiden. Zitronenschale heiß abwaschen, abtrocknen, 2 EL Schale abreiben und 1 EL Saft auspressen.

Tomatenhälften salzen und pfeffern, mit Chili, Zwiebel sowie einem Teil der Minze und der Zitronenschale vermengen. Aus Zitronensaft, Salz, Pfeffer, Honig und Olivenöl eine Vinaigrette rühren. Über die Tomaten träufeln.

Fischfilet kalt abwaschen, mit Küchenpapier trocken tupfen und in Häppchen schneiden. Fischstücke mit Salz, Pfeffer und Paprikapulver bestreuen und in Mehl wenden. Bratöl in einer Pfanne erhitzen, Fischstücke mit Knoblauch bei mittlerer Hitze etwa eine Minute anbraten. Fischstücke wenden und 4–5 Min. fertig braten. Fisch anrichten und mit der restlichen Zitronenschale bestreuen.

Tomatensalat mit der restlichen Minze bestreuen und dazu reichen.

Tipp: Wer den Bratgeruch von Fisch vermeiden will, sollte das Fischfilet durch geräucherte Forellenfilets ersetzen. Dann allerdings ist es ein kaltes Gericht.

Susis Chef-Burger mit getrockeneten Ofentomaten

Who the f... is McDonald's? Wem diese Gourmet-Burger nicht schmecken, der sollte Vegetarier werden.

500 g frisch durchgemahlenes Rinderhackfleisch
250 g getrocknete Tomaten in Öl
1 eingelegte Paprika in Öl
1 reife Avocado
1 Dutzend gehackte Walnusskerne
1 TL geräuchertes süßes Paprikapulver (Pimenton de la vera „dulce")
4 TL Honigsenf
1 EL frischer Zitronensaft
4 Ciabattabrötchen
4 TL Aceto Balsamico
2 EL Walnussöl
2 EL Bratöl
Salz und Pfeffer nach Geschmack

Tomaten und Paprika in einem Sieb abtropfen lassen und in eine hohe Rührschüssel geben. Walnusskerne, Balsamessig und Walnussöl zu den Tomaten geben und mit einem Stabmixer zerkleinern.
Avocado halbieren, den Kern entfernen und mit einem Esslöffel das Fruchtfleisch herausheben. Dieses in schmale Stücke schneiden und sofort mit Zitronensaft beträufeln.
Hackfleisch mit Paprikapulver, Salz und Pfeffer würzen, in vier gleiche Stücke teilen und daraus flache Fladen im Durchmesser der Brötchen formen.
Öl in einer Pfanne erhitzen und die Hackfleischfladen von jeder Seite etwa 4 Min. „medium rare" anbraten. In der Zwischenzeit die Brötchen quer halbieren und kurz antoasten. Die unteren Brötchenhälften mit Senf bestreichen und auf 4 Teller verteilen.
Wenn das Fleisch nach Gusto gar ist, auf die Brötchenhälften geben, mit der Tomatensauce bestreichen und Avocadostreifen darauf verteilen. Die oberen Brötchenhälften daraufsetzen und servieren.

Tipp: Als Cheeseburger-Variante kurz vor Ende der Bratzeit je eine Scheibe Schweizer Emmentaler oder Mozzarella auf den Hackfleischfladen anschmelzen lassen. Und wer es lieber fleischfrei mag, ersetzt die Hamburger durch Tofubratlinge. Die gibts beim Discounter, im Supermarkt und im Bio-Laden.

WUSSTEN SIE, DASS …

… die Wissenschaft Tomaten als Anti-Krebs-Mittel erforscht?

Wie das Ergebnis einer Studie der Harvard Medical School Boston aus dem Jahr 1995 zeigte, reduzierte sich das Risiko bei Männern, an Prostatakrebs zu erkranken, um mehr als ein Drittel, nämlich um 34 Prozent, wenn sie zweimal in der Woche Tomaten verzehrten. Als Krebshemmer machten die Forscher den Stoff Lycopin aus. Lycopin zählt zu den stärksten und wirkungsvollsten Antixoidantien und kann als sogenannter „Radikalfänger" bestimmte aggressive Moleküle im menschlichen Körper unschädlich machen. Lycopin soll sich in einer parallelen Präventionsstudie, an der 5000 Probanden in Norditalien teilnahmen, auch positiv gegen Magen-Darm-Krebs ausgewirkt haben. Im Jahr 2008 haben britische Forscher lilafarbene Tomaten gezüchtet, die durch genetische Manipulation fast dreimal so viele Antioxitantien enthalten wie herkömmliche ihrer Art und möglicherweise vor Krebs schützen. Versuche an Mäusen verliefen vielversprechend. Doch erst, wenn der genaue Wirkmechanismus entschlüsselt sei und giftige Nebenwirkungen ausgeschlossen werden könnten, werde das „Functional Food" am Menschen getestet, so die Forscher.

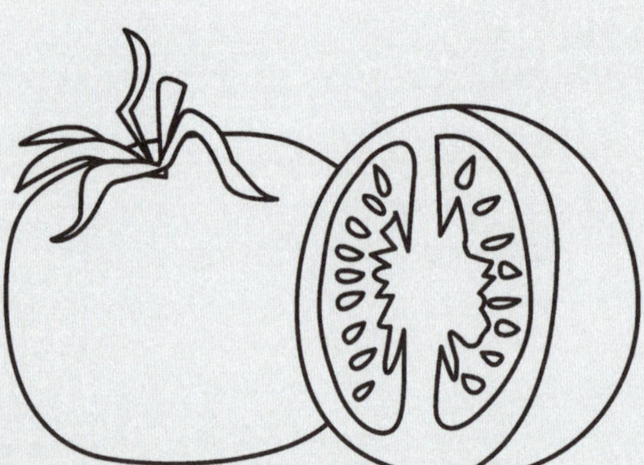

... eine „Schrumpeltomate" zum Patent angemeldet werden sollte? Im Jahr 2000 meldete das israelische Landwirtschaftsministerium unter der Nummer EP 1211926 ein Tomaten-Patent an, das in zehn europäischen Staaten gültig ist. Es trägt den Titel „Verfahren zur Zucht von Tomaten mit niedrigem Wassergehalt und Produkt dieses Verfahrens". Durch herkömmliche Züchtung enthält die sogenannte „Schrumpeltomate" wenig Wasser, zum Beispiel, um besser zu Ketchup verarbeitet werden zu können. Sie schrumpelt bei langer Lagerung, fault aber nicht. Gegen die Patentvergabe legte der britisch-niederländische Lebensmittelkonzern Unilever 2004 Widerspruch ein mit der Begründung, das Zuchtverfahren für die Tomate sei „im Wesentlichen biologisch". Diesem Argument folgte die Große Beschwerdekammer des Europäischen Patentamts (EPA) im Dezember 2010 und erklärte das Verfahren für nicht patentierbar. Ob auch die Tomate selbst vom Patentschutz ausgeschlossen ist, wurde nicht geklärt. Die Züchtung, die auf den ersten Blick sinnvoll erscheint, hätte als Patent und damit als Monopolrecht auf die Herstellung eines Lebensmittels fatale Folgen. Denn selbst auf Nahrungsmittel wie Milch, Brot und Butter werden mittlerweile Patente angemeldet. Um deren Genehmigung zu verhindern, gründete sich im Jahr 2007 die internationale Koalition „Keine Patente auf Saatgut". Sie startete einen globalen Appell gegen die Ausweitung von Patentierungen von lebenswichtigen Produktionsmitteln. Mit von der Partie sind Bauernverbände aus Europa, Asien und Afrika, Entwicklungshilfe- und Umweltorganisationen sowie Miserior und Greenpeace. Sie warnen vor der Abhängigkeit, in die Landwirte geraten, und fordern eine radikale Änderung der Praxis der Patentämter. Im Bundesland Hessen hat die Landesregierung im März 2009 eine Bundesratsinitiative gestartet, in der sie die Bundesregierung dazu aufruft, sich gegen die Erteilung von Patenten auf Pflanzen und Tiere einzusetzen. Zumindest in Sachen „Schrumpeltomate" hat das EPA Anfang November 2011 die Notbremse gezogen und vertagte die Entscheidung über den Patentschutz auf diese Tomatensorte bis auf Weiteres. Damit bleibt offen, ob die Israelis das Patent in seiner bestehenden Form aufrechterhalten dürfen oder es widerrufen müssen.

Linguine mit gelben Kirschtomaten und Jakobsmuscheln

Dieses köstliche Rezept hat Fotograf Markus aus Venedig mitgebracht. Das perfekte Mahl für einen romantischen Abend zu zweit oder für anspruchsvolle Gäste. Das feine Aroma der Jakobsmuscheln ergänzt perfekt die fruchtige Süße der gelben Tomaten.

500 gelbe Kirschtomaten oder Mini-Eiertomaten
10–12 frische, ausgelöste Jakobsmuscheln
2–3 Stängel krause Petersilie
2 Knoblauchzehen
1 Bio-Zitrone
¼ Gemüsebrühwürfel (für 125 ml Brühe)
400 g Linguine
1 EL weißer Balsamessig (Aceto Balsamico Bianco)
5–6 EL Olivenöl
Salz und Pfeffer nach Geschmack

Tomaten waschen, halbieren und vom Strunk befreien. Muscheln waschen und trocken tupfen. Knoblauch abziehen und fein hacken. Petersilie abbrausen und fein hacken. Zitrone heiß abwaschen, halbieren, von einer Hälfte 1 TL Schale abreiben und 3 EL Saft auspressen. Schale mit 1 TL Salz mischen. Die andere Zitronenhälfte in Scheiben schneiden und diese halbieren. Gemüsebrühwürfel in 125 ml kochendem Wasser auflösen, mit Öl, Knoblauch und Zitronensaft verrühren und mit Salz und Pfeffer würzen. Nudeln „al dente" kochen.

In der Zwischenzeit Muscheln in Öl von jeder Seite etwa 2–3 Min. anbraten. Mit etwas gesalzener Zitronenschale vermischen und mit frisch gemahlenem Pfeffer bestreuen. Die gelben Tomaten in einer kleinen Pfanne in 2–3 EL Öl ca. 2–3 Min. anbraten, Essig zugeben und weitere 2–3 Min. garen. Nudeln abgießen, behutsam mit Jakobsmuscheln, der gewürzten Gemüsebrühe und den Tomaten vermengen und auf tiefe Teller verteilen. Mit Petersilie bestreuen und mit 1–2 Zitronenscheiben dekorieren.

Tipp: Bitte nur gelbe oder orangefarbene Mini-Tomaten für dieses Rezept verwenden, die roten haben eine zu intensive Säure!

Pasta mit Ofentomaten-Sugo und Chili

Der puristische Pasta-Klassiker – raffiniert verfeinert: Hier schmoren die Tomaten nicht im Topf auf dem Herd, sondern im Ofen. Diese Garmethode intensiviert das fruchtig-tomatige Aroma.

1,5–2 kg Aromatomaten
4 Stängel Basilikum
5 Zweige Oregano
4 Knoblauchzehen
½ frische rote Chilischote
frisch geriebener Parmesankäse
evtl. etwas Passata (Tomatenpüree)
400 g Spaghetti
1 EL Honig
6 EL Olivenöl
Salz und Pfeffer nach Geschmack

Backofen auf 170 Grad (Umluft 150 Grad) vorheizen. Tomaten je nach Größe halbieren oder vierteln, vom Strunk befreien und mit der Schnittfläche nach oben in eine große Auflaufform legen. Kräuter waschen, Blättchen abzupfen und grob hacken. Knoblauch häuten, vierteln und die Stücke leicht drücken. Knoblauch mit den Kräutern gleichmäßig über den Tomaten verteilen. 5 EL Olivenöl und Honig zu einer Marinade verrühren und über die Tomaten träufeln. Mit Salz und Pfeffer aus der Mühle würzen.

Tomaten im Ofen auf mittlerer Schiene etwa 1 Stunde schmoren. Währenddessen die Chilischote unter fließendem Wasser halbieren und die Kerne entfernen. Die Hälfte der Schote in feine Streifen schneiden.

Nach Ende der Schmorzeit die Tomaten durch ein feines Sieb streichen oder mit einem Passiergerät (Flotte Lotte) passieren. Den Sugo in einem Kochtopf auffangen. Sollte er zu flüssig sein, für 5–6 Min. köcheln lassen. Ist der Sugo zu dick oder die Menge zu wenig, mit etwas Passata strecken und nachwürzen.

Die Nudeln in kochendem Salzwasser „al dente" kochen. Nach der Garzeit abgießen und sofort auf tiefen Tellern verteilen. Mit etwas Öl beträufeln, den Sugo darübergeben und mit Chiliringen dekorieren. Nach Wunsch mit Parmesan bestreuen.

Tipp: Wer nicht auf Fleisch verzichten mag, kann einige Scheiben Chorizo in der Pfanne anbraten und sie statt des Parmesans zur Pasta geben.

Bandnudeln mit Walnüssen und Tomaten

Während die Nudeln „al dente" kochen, schmoren saftige Kirschtomaten in der Pfanne. Die Kombination mit gerösteten Walnüssen und gehobelten Parmesanspänen verwandelt die puristische Tomatenpasta in ein feines Gericht, das man auch Gästen auftischen kann.

500 g Kirschtomaten
1 Karotte
1 Selleriestange
2 Zweige Oregano (oder 1 TL getrocknete Kräuter)
1 Zwiebel
1 kleines Stück Parmesan
10–12 Walnusskerne
1 Prise Zucker
400 g italienische Bandnudeln (Tagliatelle oder Fettucine)
4 EL Weißweinessig
1 EL Rotweinessig
4 EL Olivenöl
Salz und Pfeffer nach Geschmack

Tomaten waschen, halbieren und vom Strunk befreien. Oregano abbrausen, Kräuterblättchen abzupfen und hacken. Sellerie putzen und in feine Ringe schneiden. Karotte schälen und reiben. Zwiebel und Knoblauch abziehen und fein hacken. Parmesan in Späne hobeln. Walnusskerne grob hacken.

3 EL Öl in einer großen Pfanne erhitzen, Zwiebeln und Sellerie unter Rühren weich dünsten. Tomaten, Karotten, Oregano, Essig und Zucker zugeben. Mit Salz und Pfeffer abschmecken und 20 Min. schmoren lassen.
10 Min. vor Ende der Garzeit Nudeln in kochendem Salzwasser „al dente" kochen. In der Zwischenzeit 1 EL Öl in einer kleinen Pfanne erhitzen, darin die Walnüsse leicht anrösten. Nudeln abgießen und in der Pfanne mit den Schmortomaten vermengen. Mit Walnüssen und Parmesan bestreuen.

Tipp: Dieses Rezept lässt sich statt mit Walnüssen auch mit Kapern oder gerösteten Pinienkernen verfeinern.

Gourmet-Spaghettini

400 g Datteltomaten
1 Zweig frischer Koriander
200 g Passepierre-Algen (Salicorne, Queller)*
4–5 rohe Gambas pro Person
2–3 Knoblauchzehen
1 Prise rotes Chilipulver
500 g Spaghettini
3 EL Olivenöl
Salz und Pfeffer (Melange Noir) nach Geschmack

***Passepierre, hierzulande auch Meerfenchel oder Meeresspargel genannt, wird in der französischen Gourmetküche verwendet. Die Algen sind im Feinkost- oder Edel-Fischladen erhältlich. Alternativ kann man grünen Spargel verwenden.**

Datteltomaten waschen und halbieren. Passepierre blanchieren. Koriander waschen, Blättchen abzupfen und grob hacken. Knoblauch abziehen und fein würfeln. Gambas entdarmen, eventuell halbieren. Spaghettini in Salzwasser „al dente“ kochen.

In der Zwischenzeit in einer großen Pfanne Knoblauch und Gambas in Olivenöl anbraten, nach Geschmack mit Chili, Salz und Pfeffer würzen. Datteltomaten und Passepiere zugeben und unterheben.
Spaghettini abgießen und in die Pfanne geben. Koriander darüberstreuen und sofort servieren.

Tipp: Wer gerne Pfeffer mag, sollte in ein Döschen „Melange Noir“ investieren. Das ist eine raffinierte Pfeffermischung aus drei verschiedenen schwarzen Sorten: schwarzer Pfeffer, Kubebenpfeffer und langer Pfeffer. Eine Dose kostet je nach Größe zwischen 4 und 10 Euro und ist in Gewürzläden oder Online-Shops zu haben.

Penne mit geschmorten Kirschtomaten

Die Kombination aus Sugo, süßsauer angebratenen Kirschtomaten und einem Hauch von Chilischärfe gibt diesem Gericht ein ganz besonderes Aroma.

1 kg fleischige Tomaten (z. B. Black Prince) oder vorrätigen Sugo
1 Handvoll Kirschtomaten
3 Stängel Basilikum
2 Zweige Oregano
½ rote Chilischote
2 Zwiebeln
2 Knoblauchzehen
1 Handvoll geriebener Pecorino oder Parmesan
400 g Penne
2 EL Balsamico
5 EL Olivenöl
Salz und Pfeffer nach Geschmack

Fleischtomaten, Knoblauch und Zwiebeln häuten und würfeln. Basilikum und Oregano abbrausen, Blättchen abzupfen. Chilischote unter fließendem Wasser längs aufschneiden, entkernen und die Hälfte der Schote in feine Ringe schneiden. Käse reiben. 3 EL Olivenöl in einem Topf erhitzen und Zwiebeln andünsten, Knoblauch und Chili hinzugeben. Mit den Tomatenwürfeln 30 Min. bei schwacher Hitze köcheln lassen. Oregano einstreuen und Sugo weiter reduzieren, bis er sämig ist. Dann mit Salz und Pfeffer abschmecken.

Kirschtomaten mit 2 EL Olivenöl in einer kleinen Pfanne 2–4 Min. anbraten, 2 EL Balsamessig und Basilikum zugeben, weitere 2–3 Min. köcheln.

Penne in Salzwasser „al dente“ kochen, abtropfen lassen, mit Sugo und Kirschtomaten vermengen. Auf tiefe Teller verteilen und mit Käse bestreuen.

Tipp: Wer mag, kann in Streifen geschnittenen Parmaschinken oder Pancetta unter die Pasta mischen. Dazu den Schinken zuvor 3–4 Min. in der Pfanne rösten.

Risotto mit Datteltomaten und Scamorza

Ein köstliches Risottogericht, dessen Zutaten man fast alle aus der Vorratskammer zaubern kann.

300 g Kirsch- oder Datteltomaten
2 Schalotten
1 Knoblauchzehe
2 Zweige Oregano oder 1 TL getrocknete Kräuter
250 g geräucherter Scamorza
1 Glas trockener Weißwein
2 Gemüsebrühwürfel (für 1 l Brühe)
320 g Risottoreis (Arborio, Vialone oder Carnaroli)
2 EL Aceto Balsamico
3 EL Olivenöl
Salz und Pfeffer nach Geschmack

Tomaten waschen und halbieren. Schalotten und Knoblauch abziehen und fein würfeln. Oregano abbrausen, Blättchen abzupfen und hacken. Scamorza in kleine Würfel schneiden.

2 EL Olivenöl in einem Topf erhitzen, Schalotten zugeben und 2–3 Min. andünsten lassen. Reis hinzugeben und zwei weitere Min. unter ständigem Rühren mitdünsten. Mit Wein ablöschen. Brühwürfel in einem 1 Liter kochendem Wasser auflösen und eine Schöpfkelle davon zum Reis geben. Sobald die Flüssigkeit aufgesogen wurde, nachgießen und ständig mit einem Holzlöffel umrühren.

In einer Pfanne mit 1 EL Öl den Knoblauch andünsten (vorsicht, er darf nicht anbrennen!). Die Tomaten zugeben und mit 2 EL Aceto Balsamico ablöschen. 2 – 3 Min. köcheln lassen, Kräuter zugeben und mit Salz und Pfeffer abschmecken.

Wenn der Risotto „al dente" ist, die Käsewürfel und die Tomaten zugeben und behutsam unterrühren. Mit frisch gemahlenem Pfeffer würzen und sofort servieren.

Tipp: Scamorza bekommt man in türkischen oder griechischen Lebensmittelläden, am Käsestand auf dem Wochenmarkt oder hausgemacht in der Käserei L'Abbate nahe dem Offenbacher Wochenmarkt. Besonders gut schmeckt der getrüffelter Scamorza!

Schwarze Spaghetti mit Calamaretti und Ofentomaten

Pasta a la marinara mal ganz anders: Die meist mit Tintenfischtinte eingefärbten Spaghetti sorgen für einen schönen Farbkontrast auf dem Teller. Wir verwenden kleine Tintenfische, die auch als Calamaretti bezeichnet werden.

500 g Kirschtomaten
3 Zweige frischer Thymian
500 g frische Calamaretti
500 g schwarze Spaghetti („al Nero di Seppia")
1 TL frisch geriebene Zitronenschale
3 Knoblauchzehen
1 TL Zucker
7 EL Olivenöl
Pfeffer und Salz nach Geschmack

Tipp: Wer nicht genau weiß, wie man Calamaretti ausnimmt, der findet im Internet sehr nützliche Anleitungsvideos.

Backofen auf 170 Grad (Umluft 150 Grad) vorheizen. Tomaten waschen und halbieren. Mit der Schnittfläche nach oben in eine große Auflaufform legen. Kräuter waschen, Blättchen abzupfen und grob hacken. Knoblauch häuten und fein würfeln, etwas Knoblauch für die Calamaretti aufheben. Aus Knobi, 5 EL Olivenöl, Zucker und Kräutern eine Marinade rühren. Marinade über die Tomaten träufeln. Mit Salz und Pfeffer aus der Mühle würzen. Tomaten im Ofen auf mittlerer Schiene etwa 1 Stunde schmoren.

In der Zwischenzeit die Calamaretti sorgfältig putzen und ausnehmen. Dazu mit dem Zeigefinger die Tuben von den Innereien befreien und das plastikartige Chitinstäbchen herausziehen. Den oberen Kopfbereich um die Tentakeln entfernen. Die Calamaretti evtl. häuten, dann kalt abspülen und mit Küchenpapier trocken tupfen. 2 EL Öl in einer großen Pfanne erhitzen, Knoblauch und Calamaretti kurz anbraten. Etwas frisch geriebene Zitronenschale hinzugeben, mit Salz und Pfeffer abschmecken.

Pasta in kochendem Salzwasser „al dente" kochen. Nach der Garzeit in einem Sieb abtropfen lassen und in die Pfanne geben. Tomaten aus dem Ofen nehmen, vorsichtig mit der Pasta und den Meeresfrüchten vermengen und sofort servieren.

Mit Tagliatelle gefüllte Tomaten

Dieses kleine Lunch-Gericht habe ich in einem Bistro in Stellenbosch, Südafrika, gegessen und war so begeistert, dass ich den Koch um das Rezept bat.

8 große, reife Aromatomaten mit fester Schale
3–4 Stängel Basilikum
3–4 Sardellenfilets
1 Knoblauchzehe
1 kleines Stück Parmesan
200 g Tagliatelle
2 EL Balsamico
4 EL Olivenöl
Salz und Pfeffer nach Geschmack

Backofen auf 180 Grad (Umluft 160 Grad) vorheizen. Pasta in kochendem Wasser „al dente" kochen und in einem Sieb abtropfen lassen. Basilikum abbrausen, Blättchen abzupfen, einige davon als Deko aufheben, den Rest hacken. Knoblauch abziehen und fein schneiden. Parmesan reiben. Sardellenfilets fein hacken. Alle Zutaten in einen Topf gegen, mit der Pasta vermengen und mit 2 EL Öl, Salz und Pfeffer abschmecken.

Tomaten waschen und an der breitesten Stelle quer durchschneiden. Die „Deckel", in deren Mitte sich auch der Strunk befindet, zur Seite legen. Mit einem Löffel vorsichtig das Fruchtfleisch herauslösen und mit einem Mixstab pürieren. Die ausgehöhlten Tomaten mit der Pastamischung füllen und mit den Deckeln verschließen.

Die Tomaten in eine ausgefettete Backform setzen und mit Tomatenpüree übergießen. Mit Salz und frisch gemahlenem Pfeffer bestreuen und mit Essig und 2 EL Öl beträufeln. Im Backofen auf mittlerer Schiene etwa 30 Min. backen, bis die Tomaten weich, aber noch in Form sind. Auf kleinen Tellern servieren und mit Basilikumblättchen dekorieren.

Tipp: Für den großen Hunger wird aus vier Pastatomaten mit Eichblatt-, Romana- oder Feldsalat ein köstliches Hauptgericht.

Rigatoni mit Basilikumtomaten

Ein schnelles Gericht, das auch Kindern schmeckt!

1 kg Fleischtomaten
2 Stängel glatte Petersilie
2 Stängel Basilikum
1 Zwiebel
2 Knoblauchzehen
1 Handvoll frisch geriebener Parmesan
400 g Rigatoni
3 EL Olivenöl
Salz und Pfeffer nach Geschmack

Tomaten grob würfeln. Kräuter waschen, Blättchen abzupfen und in Streifen schneiden. Zwiebel und Knoblauch abziehen und in feine Würfen schneiden.
Öl in einem Topf erhitzen. Zwiebel 2–3 Min. glasig dünsten, Knoblauch zugeben und weitere 2–3 Min. dünsten (Vorsicht: Knoblauch darf nicht anbrennen, sonst wird er bitter!).

Tomaten und Petersilie zugeben. Sauce 30–40 Min. köcheln lassen, bis sie dickflüssig wird, dabei regelmäßig umrühren. Mit dem Stabmixer pürieren, Basilikum einstreuen und weitere 5 Min. garen lassen. Mit Salz und Pfeffer würzen.

Rigatoni in kochendem Salzwasser „al dente" garen und abgießen. Mit der Sauce vermengen und auf Teller verteilen. Mit Parmesan bestreuen.

Spaghetti mit Crevetten und Tomaten

Ein unkompliziertes Pastagericht, das perfekt zu einem Sommerabend auf der Terrasse oder dem Balkon passt.

500 g Kirschtomaten (rot und gelb)
2 Stängel glatte Petersilie
1 Zwiebel
2 Knoblauchzehen
350 g frische Crevetten, geschält und geputzt
1 Msp. zerstoßene getrocknete Chilischoten
400 g Spaghetti
150 ml trockener Weißwein
4 EL Olivenöl
Salz und Pfeffer nach Geschmack

Tomaten waschen und halbieren. Zwiebel und Knoblauch schälen und fein würfeln. Petersilie abbrausen, Blättchen fein schneiden. Olivenöl in einer großen Pfanne erhitzen. Zwiebel, Knoblauch und Petersilie 5 Min. andünsten. Wein zugießen und 10 Min. leicht köcheln lassen. Tomaten und Chili zugeben, weitere 15 Min. garen lassen. Eventuell etwas Wein nachgießen.

Spaghetti in Salzwasser „al dente“ kochen. Crevetten in die Sauce geben, 3–4 Min. garen lassen und mit Salz und Pfeffer abschmecken. Spaghetti abtropfen lassen, mit der Sauce vermengen und sofort servieren.

TOMATE ZUM NASCHEN

„Aber bitte mit Sahne!" Aber gerne doch! Natürlich kann Tomate auch als Sahne vernascht werden. Das Rezept ist kinderleicht: Einfach einen Becher Schlagsahne (35 % Fett) mit einem halben Päckchen „Sahnesteif" aufschlagen, 75 ml Passata (küchenfertig passierte Tomaten), ein wenig abgeriebene Vanilleschote und einen Teelöffel feinen Zucker unterziehen. Noch mal kurz aufschlagen und fertig ist die Tomatensahne. Die schmeckt erstaunlich gut zu einem Stück Käsekuchen.

Kulinarisch ist die Tomate eines der vielfältigsten Gemüse, die es gibt. Neben unzähligen Zubereitungsarten gibt es auch ebenso viele Möglichkeiten, die meisten der mehr als 400 Aromen aus dem „Liebesapfel" herauszukitzeln. Am besten aber lässt sich der Eigengeschmack von Tomaten mit Zucker und Vanille verstärken. Durch sie wird die Säure abgemildert und das Aroma intensiviert. Mit einer Prise Zucker oder Vanille schmeckt die Tomatensoße deshalb viel „tomatiger", wie Profiköche wissen.

Deshalb spielt der „Pomme d'amour" in diesem Kapitel eine ungewöhnliche Hauptrolle – in klassischen Desserts, Kuchen und anderen süßen Schleckereien. Einige Experimente waren nicht genießbar, andere wiederum haben uns beim Testnaschen so überrascht, dass wir die besten Rezepte in diesem Kapitel versammelt haben. Wie wärs zum Beispiel mit einem Tomatentiramisu in gleich zwei Variationen – fruchtig-süß und säuerlich-herb? Oder einem erfrischenden Obstsalat oder Tomateneis?

Petras gefüllte Tomaten

Tomaten mit einer fettreichen Füllung aus Mayonnaise waren der kulinarische Hit der 70er und durften auf keiner Party fehlen. Diese fruchtige und schnell zubereitete Kreation hat das Zeug zum Dessert-Klassiker der Gegenwart.

4 reife Aromatomaten mit fester Schale (z. B. Picolino, Zebrino)
300 g Puderzucker
1 EL Vanillezucker
1 Handvoll Walnusskerne
50 g Haselnusskerne
50 g Pinienkerne
50 g Mandeln ohne Haut
200 ml Sahne

Tomaten enthäuten, an der breitesten Stelle mit einem gezackten Messer horizontal durchschneiden und die „Deckel" zur Seite legen. Das Fruchtfleisch vorsichtig mit einem Löffel herauskratzen, ohne die Schale zu beschädigen. Nüsse und Pinienkerne hacken, in einer fettfreien Pfanne kurz anrösten und mit 1 TL Puderzucker bestreuen.

Den restlichen Puderzucker und den Vanillezucker in einem Kochtopf bei schwacher Hitze karamellisieren lassen (Vorsicht, der Zucker darf nicht anbrennen, sonst schmeckt er bitter!). Von der Kochplatte nehmen, die Sahne einrühren und die Nüsse unterheben.

Die Masse in die Tomaten füllen und die Deckel wieder aufsetzen.

Tipp: Dazu schmeckt warme Vanillesoße. Und wer mag, kann die Füllung mit fein gewürfeltem Zitronat und Orangeat ergänzen.

Herzhaftes Tomatentiramisu

Diese raffinierte Variante ist die goldene Mitte zwischen Käseteller und Süßspeise.

4 reife Aromatomaten
8 Kirschtomaten
½ Bund frische Minze
½ Bio-Zitrone
150 g Ziegenfrischkäse
4–5 EL Schmand
6–8 Cracker mit getrockneten Tomaten
1 EL Balsamessig (Aceto Balsamico)
¼ Gemüsebrühwürfel
5 EL Olivenöl
2 EL Zitronenöl
Salz und Pfeffer nach Geschmack

Tipp: Das Tomatentiramisu lässt sich ganz leicht variieren, indem man statt roten Tomaten gelbe verwendet und die Grissinistangen durch geröstete Pinienkerne ersetzt.

Kirschtomaten waschen, mit Küchenpapier trocken tupfen und halbieren. Aromatomaten häuten, vom Strunk befreien und in Würfel schneiden, in ein hohes Gefäß geben und mit einem Stabmixer pürieren. Mit Balsamessig, 3 EL Olivenöl, Salz und Pfeffer abschmecken.

Minze abbrausen und Blätter abzupfen. 8 Blätter als Deko zur Seite legen und die restlichen klein schneiden. Zitrone sorgfältig mit heißem Wasser abwaschen, mit Küchenpapier trocknen und die Hälfte der Schale abreiben. Den Saft einer halben Zitrone auspressen. Brühwürfel in kochendem Wasser auflösen. Kräuter, Zitronensaft und -zesten mit 2 EL Olivenöl in ein hohes Gefäß geben und löffelweise Gemüsebrühe dazufüllen, bis eine nicht zu flüssige Masse entsteht. Zum Schluss mit Pfeffer und Salz würzen.

Schmand mit Ziegenfrischkäse und Zitronenöl verrühren, mit 1 Prise Fleur de Sel würzen.

Cracker zerbröseln und die Hälfte der Brösel in 4 Gläser verteilen. Mit einer Schicht Tomatenmus bedecken, dann mit einer Schicht Frischkäse und mit einer Schicht Kräutermasse. Das Tomatentiramisu mit den restlichen Bröseln bedecken, mit ein wenig Zitronenöl beträufeln und mit frisch gemahlenem Pfeffer würzen. Zum Schluss je ein Basilikumblatt und Kirschtomatenhäften darauf dekorieren. Bis zum Servieren mindestens eine Stunde in den Kühlschrank stellen. Dazu passen Grissini oder dünn geschnittene, geröstete Ciabattascheiben.

Tomatenküsschen

Vanille und Zucker verstärken das Aroma der jeweiligen Tomatensorte. Wer für dieses Dessertrezept gut gereifte Cocktailtomaten verwendet, wird erstaunt sein über die unglaublich intensive, fruchtige Süße, die die kleinen Roten entfalten. Mit verbundenen Augen probiert, könnte man sie glatt für seltene exotische Beeren halten.

20 Cocktailtomaten
5 EL Butter
1 Vanilleschote
3 EL Zucker
je nach Gusto Vanilleeis oder Sahnejoghurt
Fleur de Sel nach Geschmack

Cocktailtomaten abbrausen, mit Küchenpapier trocken tupfen und von den Stängeln abtrennen.

Butter und Zucker in eine Pfanne geben und sanft erhitzen. Vanilleschote der Länge nach einschneiden, auskratzen und das Mark mit der Schote zur Butter geben. Die Masse 2–3 Min. garen lassen, dabei ständig umrühren. Einige EL Wasser zur Masse geben, damit sie nicht zu sehr andickt oder anbrennt.

Tomaten in die Pfanne geben, vorsichtig darin wenden. Bei kleiner Flamme weitere 2–3 Min. schmoren lassen. Ab und zu umrühren. Wenn die Tomaten Saft ziehen, mit einer Prise Fleur de Sel bestreuen.
Wenn die Tomaten leicht aufplatzen, aus der Pfanne nehmen, auf Desserttellern verteilen und zu Vanilleeis oder mit einem Klecks Sahnejoghurt servieren.

Tipp: Die Tomatenküsschen schmecken sehr lecker zu türkischem Sahnejoghurt (z. B. von Gazi, 10 %). Und wer es gerne bunt auf dem Teller mag, mischt rote und gelbe Cocktailtomaten.

Tomaten lustvoll

Im antiken Griechenland war die Feige mit aphrodisischen Eigenschaften besetzt. Und bis ins 16. Jahrhundert galt auch die Tomate als Aphrodisiakum. Damals nannte man sie „Pomme d' Amour" oder „Paradiesapfel". Feigen und Tomaten sind also ein ganz spezielles kulinarisches Paar. Auch Basilikum wird eine anregende Wirkung nachgesagt, denn es soll den Blutfluss in bestimmten Körperregionen des Mannes erhöhen. Allerdings ist dies kein Patentrezept fürs Liebesglück. Doch Liebe geht ja bekanntlich durch den Magen. Lassen Sie sich also überraschen!

8–10 Aromatomaten
8 frische Feigen
2 Stängel Basilikum
1–2 EL frischer Zitronensaft
1 EL Honig
3 EL Olivenöl
2 EL weißer Balsamessig
Salz und Pfeffer nach Geschmack

Tomaten waschen, längs halbieren, vom Strunk befreien und mit einem Esslöffel vorsichtig das Fruchtfleisch und die Kerne auslösen. Die Hälften noch einmal teilen. Basilikum abbrausen, Blättchen abzupfen und klein schneiden. Feigen waschen, den Stil abschneiden und die Frucht vierteln. Aus Öl, Essig, Zitronensaft, Basilikum und Honig eine cremige Vinaigrette rühren, mit Salz und Pfeffer abschmecken. Tomaten und Feigen auf 4 Tellern verteilen und mit der Vinaigrette beträufeln.

Tipp: Dazu passt eine Brioche oder eine Scheibe getoastetes Rosinenbrot.

Tomaten-Rodonkuchen

Der perfekte Kuchen, um das ganze Wochenende daran zu naschen! Zum Samstagsfrühstück, bestrichen mit Frischkäse und Tomatenmarmelade, zum friesischen Sonntagstee mit Kandiszucker und abends zu einem Glas Gewürztraminer oder Riesling.

2–3 Handvoll getrocknete Tomaten
3 Stängel frischer Basilikum
3 Zweige Oregano
2 rote Zwiebeln
200 g Dörrfleisch, fein gewürfelt
2 TL Semmelbrösel oder feiner Maisgrieß
20 g frische Hefe
400 g Weizenmehl
½ Tasse warme Milch
2 TL weiche Butter
2 Eier
1 Prise Zucker
Salz und Pfeffer nach Geschmack

Hefe, Milch und Zucker mischen, zugedeckt 15 Min. gehen lassen. Tomaten fein würfeln. Zwiebeln schälen und mit Dörrfleisch in einer Pfanne kurz anrösten. Basilikum und Oregano abbrausen, Blättchen abzupfen, fein hacken.

Mehl in eine Schüssel sieben, mit Eiern, Butter und Hefe verkneten. Basilikum, Oregano, Tomaten und Dörrfleisch-Zwiebel-Mischung unterheben, mit Salz und Pfeffer abschmecken.

Backofen auf 200 Grad (Umluft 180 Grad) vorheizen. Eine Kranzform (26 cm) fetten und mit feinem Maisgrieß oder Semmelbröseln ausstreuen. Teig einfüllen, mit einem Tuch bedeckt 30 Min. gehen lassen. Tuch wieder entfernen, Kuchen auf mittlerer Schiene 30–40 Min. backen.

Tipp: Wer den Tomaten-Rodonkuchen lieber vegetarisch mag, ersetzt das Dörrfleisch einfach durch schwarze Oliven oder Pinienkerne.

Susis süßes Tomatentiramisu

Tiramisu ist ein Klassiker unter den Desserts. Jeder kennt das Original mit Mascarpone, Löffelbiskuits, Amaretto und Kakaopulver. Doch Tiramisu mit Tomaten? Diese exotische, aber umso köstlichere und alkoholfreie Variante macht sich hervorragend als Abschluss eines Menüs oder als dekorative Überraschung fürs Party-Büfett.

750 g Kirschtomaten
5–6 EL Magerquark
400 g Mascarpone
10–12 Löffelbiskuits
6–7 EL geraspelte weiße Schokolade
1 Prise getrocknete, fein geriebene Orangenschale
1 Tonkabohne
2 Eigelb
1 TL Bourbon-Vanille, gemahlen
6–7 EL Zucker
evtl. 1 Päckchen Vanillezucker

Tipp: Tonkabohnen gibt es im Gewürzladen und am Gewürzstand auf dem Wochenmarkt. Die mandelförmigen Samen des Tonkabaums haben Aromen von Vanille, Rum, Waldmeister, Heublumen und Bittermandel. Eine raffinierte Ergänzung zu den Schmortomaten, die nicht nur süß schmeckt, sondern auch herbe Noten hat.

Backofen auf 160 Grad (Umluft 150 Grad) vorheizen. Kirschtomaten waschen, halbieren und entkernen. Mit der Schnittfläche nach oben in einer großen Auflaufform verteilen. Vanille und Zucker miteinander vermengen. Die Hälfte der Zuckermischung gleichmäßig über die Tomaten streuen. Tomaten im Backofen auf mittlerer Schiene mindestens eine Stunde schmoren.

Inzwischen Mascarpone, Quark, die restliche Zuckermischung, Orangenabrieb und Eigelbe in eine Schüssel geben und mit einem Handmixer schlagen, bis eine geschmeidige Masse entsteht. Mit einer Muskatreibe etwa die Hälfte der Tonkabohne fein raspeln und unter die Mascarpone-Creme ziehen. Abschmecken und nach Gusto ein wenig Tonka nachwürzen. Weiße Schokolade raspeln und Löffelbiskuits grob zerbröseln.

Wenn ein süßer Tomatenduft aus dem Ofen zu riechen ist, das Blech herausnehmen und die Tomaten etwas abkühlen lassen. Falls die Schmortomaten nicht süß genug sind, mit dem Inhalt eines Vanillezucker-Päckchens bestreuen. Den Boden von vier hohen (Einmach-)Gläsern mit Biskuit bedecken. Nacheinander Tomaten, Mascarponecreme und Schokoraspeln einschichten. Den Arbeitsgang so oft wiederholen, bis die Gläser bis zum Rand gefüllt sind.

Zum Schluss die restliche geraspelte Schokolade auf den Gläsern verteilen und mindestens 3 Stunden kühl stellen.

Tomatensorbet mit Schwips

Nur für Erwachsene: Wer sich gerne einen Cocktail gönnt, sollte unbedingt dieses „geistreiche" Tomatensorbet probieren.

800 ml Tomatensaft (400 ml fürs Sorbet, 400 ml für den Cocktail)
1 Päckchen gemahlene Gelatine
1 Prise Piment d'Espelette*
40 ml Wermut (z. B. Noilly Prat)
3 EL Olivenöl
1 Prise Zucker
Salz und weißer Pfeffer nach Geschmack
evtl. Wodka und Worcestersauce

***Aromatischer Edel-Chili aus dem französischen Baskenland. Gibts in Online-Gourmetshops, den Food-Abteilungen von KaDeWe und Karstadt und an Gewürzständen auf dem Wochenmarkt.**

Gemahlene Gelatine mit 6 EL kaltem Wasser in einem kleinen Topf anrühren. 5 Min. quellen lassen. Wermut in einem kleinen Topf erwärmen und die gequollene Gelatine darin auflösen. 400 ml Tomatensaft kalt stellen, die anderen 400 ml in ein hohes Gefäß füllen und die Geliermasse unterziehen. Olivenöl hinzugeben und schaumig pürieren. Die Masse mit Piment d'Espelette, Zucker, Salz und Pfeffer abschmecken und 30 Min. in den Tiefkühler stellen. Die angefrorene Masse in einer Eismaschine bearbeiten, bis das Sorbet fest ist. Ohne Eismaschine das Sorbet im Tiefkühlfach weitere 30 Min. belassen und die Masse regelmäßig mit einer Gabel umrühren, damit sich keine Eiskristalle bilden.

Eine perfekte Ergänzung zum Sorbet ist eine Bloody Mary. Man kann den Cocktail für 4 Personen in wenigen Minuten zubereiten. Einfach 100 ml eisgekühlten Wodka mit dem restlichen Tomatensaft mischen. Nach Gusto mit Worcestersauce, Salz und Pfeffer abschmecken.

Kurz vor dem Servieren das Sorbet aus dem Froster nehmen und in Gläser verteilen, dann die Bloody Mary angießen. Auch ohne alkoholische Begleitung ist das herbe Sorbet ein köstliches Dessert – oder ein erfrischender Zwischengang in einem Menü.

Tipp: Im Supermarkt gibts auch gemahlene Sofortgelatine, die kalt löslich ist. Das Verhältnis zu Blattgelatine ist auf den Tütchen angegeben.

Tomateneis „Rote Tara"

8 Kirschtomaten
1 Zweig rotes Basilikum
1 Zweig frische Minze
125 ml passierte Tomaten
125 ml Tomatensaft
50 g Tomatenmark
2 EL Preiselbeeren
½ Zitrone
100 g süße Sahne
200 g Schmand
1–2 TL Zucker

Kirschtomaten waschen, mit Küchenpapier trocken tupfen und halbieren. Kräuter abbrausen und trocken tupfen, 4 Basilikumblätter abzupfen und zur Seite legen. Die restlichen Kräuter hacken. Zitrone halbieren und 2 EL Saft auspressen.

Alle Zutaten – bis auf die Kräuter – in eine hohe Schüssel geben, mit einem Handrührgerät verrühren und mit Zucker abschmecken. Dann mindestens eine Stunde in den Kühlschrank stellen.

4 gehäufte EL Minze unter die kalte Tomatenmasse ziehen. Die Eismischung in einer Eismaschine rund 40 Min. gefrieren lassen oder für ca 1 ½ Stunden in den Gefrierschrank geben, dabei mit einer Gabel regelmäßig umrühren, damit sich keine Eiskristalle bilden.

Kurz vor dem Servieren das Tomateneis 15 Min. im Kühlschrank antauen lassen. Dann zu Kugeln portionieren und auf Schälchen verteilen. Mit je einer Kirschtomate und einem Blättchen Basilikum dekorieren.

Tipp: Wer mag, kann statt Preiselbeeren gewürfelte, frische Feigen mit der Eismasse verarbeiten.

Tomatensorbet mit Mascarpone

Zitronensorbet wird in feinen Restaurants gerne als erfrischender Zwischengang serviert. Meist gibts nur ein Bällchen, denn es soll ja nur erfrischen und Lust auf den nächsten Gang machen. Wem der Zitronengeschmack zu sauer oder intensiv ist, der sollte unbedingt unser leckeres Tomatensorbet probieren – und sich gleich drei Kugeln auf einmal gönnen.

500 g Aromatomaten
½ Bund frische Minze
½ Bio-Zitrone
2 Eier
200 g Mascarpone
5–6 EL Marsala
2 EL Zucker
1 EL Aceto Balsamico

Tomaten häuten, vierteln, Fruchtfleisch durch ein Sieb streichen und in einer Aluschüssel auffangen. Die passierten Tomaten mit Balsamico und 1 EL Zucker verrühren. Etwa eine Stunde in den Gefrierschrank stellen.

Inzwischen die Minze waschen, die Blättchen abzupfen, einige als Deko zur Seite legen und den Rest fein hacken. Von den Eiern das Eiweiß vom Eigelb trennen und steif schlagen. Tomatenpüree aus dem Froster holen, mit einem Handrührgerät bearbeiten und den Eischnee unterziehen. Die Masse nochmals 3 Stunden gefrieren lassen, dabei alle 15 Min. mit einer Gabel umrühren, damit sich keine Eiskristalle bilden.

Etwa 15 Min. vor dem Servieren das Tomatensorbet im Kühlschrank antauen lassen. In der Zwischenzeit die Mascarpone mit Marsala verrühren und leicht erhitzen, die gehackte Minze zugeben und die Mischung zu einer schaumigen Sauce pürieren. Mit Zitronensaft und evtl. Zucker abschmecken. Sorbet mit einem Eisportionierer in Schüsselchen verteilen. Einen großen Klecks Marscarponesauce angießen und mit Minzeblättchen dekorieren.

Tipp: Wer Zeit sparen will, kann ein wenig tricksen und statt frischer Tomaten ein 500-ml-Glas Passata, küchenfertig pürierte Tomaten, verwenden. Als Alternative zur Minze schmeckt auch Basilikum gut. Hier jedoch statt Zucker eine Prise Salz und Pfeffer zum Würzen der Mascarpone nehmen.

Tomaten-Mango-Salat

Ein herrlich frisches Dessert für den Sommer, das gut zu Eis oder Käse kombiniert werden kann. Hier empfiehlt Heidi die Tomatensorte „Japanese Tomato Tree". Sie schmeckt wie Mango und hat auch die gleiche Farbe.

500 g Fleischtomaten (z. B. Japanese Tomato Tree)
1 reife Mango
1 Zweig frische Minze
½ Vanilleschote
2 EL frischer Zitronensaft
50–70 g Zucker

Backofen auf 150 Grad (Umluft 120 Grad) vorheizen. Tomaten abbrausen, mit Küchenpapier trocken tupfen, Strunk entfernen und längs halbieren. Mit der Schnittfläche nach oben auf ein mit Backpapier ausgelegtes Blech legen. Darauf 1–2 TL Zucker verteilen. Im Ofen auf der mittleren Schiene 20–30 Min. garen.

In der Zwischenzeit Minzeblätter waschen, trocken tupfen und zur Seite legen. Die Vanilleschote längs aufschneiden und das Mark mit einem Teelöffel herauskratzen. Restlichen Zucker in einem Topf mit 100 ml Wasser aufkochen lassen. Zitronensaft und Vanillemark einrühren.

Nach der Garzeit die Tomaten aus dem Ofen nehmen und mit dem Vanillesud marinieren.

Kurz vor dem Servieren die Mango schälen und das Fruchtfleisch in kleine Würfel schneiden. Mango und Tomaten vorsichtig miteinander vermengen. Das Kompott auf kleine Teller verteilen und mit Minzeblättchen dekorieren.

Tipp: Wer keine reife Mango bekommt, kann auch reife Pfirsiche nehmen. Der Tomaten-Mango-Salat passt sehr gut zu Vanilleeis. Wer lieber Käse zum Nachtisch mag, kann dieses Dessert mit einem warmen Ziegenkäsetaler kombinieren.

WUSSTEN SIE, DASS ...

... aus Tomaten auch Wein gemacht wird? Der kanadische Winzer Pascal Miche aus Quebec vergärt Tomaten nach einem alten belgischen Familienrezept wie Wein. Eine Tradition, die er in vierter Generation fortführt. Seit 2009 macht er seinen Wein, den er nach seinem Großvater Omer „Omerto" benannte. Rund 34 000 Flaschen erzeugt Miche pro Jahr. Als er sein Tomaten-Weingut gründete, experimentierte er mit 16 verschiedenen Tomatensorten, darunter rote, gelbe und schwarze Tomaten. Nach Ansicht von Sommeliers hat der Omerto, der 18 Prozent Alkohol enthält, einen Hauch von Frucht, kandierten Früchten und zarte Honig-Noten. Er passe wunderbar zu Desserts und würzigen Speisen, urteilten die professionellen Verkoster. „Omerto Moelleux", ein Süßwein, wurde mit dem in Frankreich beliebten Aperitif „Pineau des Charentes" verglichen. Der Tomatenwein wird in 200-ml-Flaschen verkauft und kostet umgerechnet rund 19 Euro.

... eine „Anti-Matsch-Tomate" gezüchtet wurde, die bis zu 45 Tage fest bleibt? Das gelang indischen Wissenschaftlern vom Nationalen Institut für Pflanzengenomforschung. Mit Hilfe der Gentechnik unterdrückten sie zwei Enzyme, die bei der Reifung der Tomaten vermehrt auftreten: a-Mannosidase und ß-D-N-Acethylhexosaminidase. Den Forschern zufolge sind die beiden Enzyme mit dafür verantwortlich, dass die Früchte weich werden. Durch das Ausschalten dieser Enzyme blieben die Tomaten bis zu 45 Tage frisch. Schnelles Weichwerden von Obst und Gemüse führt nach Angaben der Forscher in ihrem Land dazu, dass 35 bis 40 Prozent der Ernte verloren gehen. Die erste im Genlabor entwickelte „Anti-Matsch-Tomate" wurde Mitte der 90er-Jahre bekannt und trägt den Namen „Flavr-Savr". Um sie länger haltbar zu machen, war das Enzym Polygalacturonase gentechnisch beeinflusst worden, das beim Zerfall der Zellwände von Tomaten eine Rolle spielt. Sie wird heute nach Angaben des Internet-Portals transgen.de nicht mehr kommerziell angebaut: Die kommerziellen Erwartungen der Hersteller hätten sich nicht erfüllt. Beruhigend!

TOMATE ZUM AUFBEWAHREN

In diesem Kapitel beleben wir eine fast vergessene Küchentradition mit jungen Rezepten zum Ausprobieren. Früher haben unsere Großmütter die saisonalen Schätze aus dem Garten so konserviert, dass die Familie sie rund ums Jahr genießen konnte. Oma Käthe hat dann tagelang in der Küche gestanden, umringt von großen Kochtöpfen, blitzsauberen Einmachgläsern, Dutzenden von Zuckertüten und Einweckgummis. In der Vorratskammer füllten sich die Regale mit Eingewecktem, jedes Glas mit akkurat beschriftetem Etikett.

Auch Tomaten eignen sich wunderbar zum Aufbewahren – eingekocht, eingelegt oder getrocknet. Herzhaft oder süß konserviert als Sugo, Chutney, Gelee und Marmelade. Der selbst gemachte Genuss kostet zwar ein wenig Zeit. Aber es gibt nichts Köstlicheres zum Nachtisch als Heidis warmes Tomatenchutney mit Eis oder auf dem Sonntagsbrötchen eine unserer herrlich fruchtigen Marmeladen, die man sonst nur im edlen Feinkostladen kaufen kann!

CENTRONE

Heidis warmes Tomatenchutney

Mit dieser himmlischen Tomatenkreation zum Dessert und ihrem Oberräder Menü hat sich Heidi bei „lecker(h)essen", dem Landfrauen-Duell des hr-Fernsehens, aufs Siegertreppchen gekocht. Kombiniert mit Heidis hausgemachtem Basilikumeis ist dieser Nachtisch einfach unschlagbar gut und lässt sich wunderbar für Gäste vorbereiten!

1 kg süße Tomaten
100 g Gelierzucker 3:1
½ Bio-Zitrone
1 Msp. Muskatblüte (Macis)
1½ EL Balsamessig

Tomaten häuten, vom Strunk befreien, entkernen und in feine Würfel schneiden. ½ Zitrone auspressen. In der Pfanne mit Zucker, Muskatblüte und Zitronensaft erhitzen. 6 Min. köcheln lassen, anschließend mit Balsamessig abschmecken.

Tipp: Das Tomatenchutney einen Tag vorher zubereiten und im Kühlschrank über Nacht stehen lassen, damit sich das Aroma besser entfalten kann. Vor dem Anrichten kurz erhitzen und warm zu Vanille-, Joghurt- oder Basilikum-Eis* servieren!

So wird das Basilikum-Eis zubereitet:
Von einer unbehandelten Zitrone die Schale fein abreiben und die Zitrone auspressen. Eine Vanilleschote längs aufschneiden, das Mark herauskratzen und beides mit der abgeriebenen Zitronenschale mit je ¼ l Sahne und Milch aufkochen. Topf von der Kochstelle nehmen, die Flüssigkeit 30 Min. ziehen lassen und danach die Vanilleschote entfernen. 2 Eier, 2 Eigelb und 100 g Zucker mit einem Handmixer cremig aufschlagen. Vanillemilch unter Rühren hinzugießen. Die Masse in einen Topf geben und unter ständigem Rühren mit einem Schneebesen langsam erhitzen (Vorsicht: nicht kochen!), bis die Masse leicht andickt. Die Masse durch ein Sieb in einen Topf gießen, Zitronensaft unterrühren und abkühlen lassen. 30 Basilikumblätter mit 50 ml Milch mit einem Pürierstab zerkleinern, unter die Eismasse rühren. Die Eismasse ins Gefrierfach stellen und alle 15 Min. mit einer Gabel umrühren, damit sich keine Eiskristalle bilden. Den Vorgang etwa zehn Mal wiederholen, dann eine Nacht gefrieren lassen.

Himmlich guter Tomatenaufstrich

Marina, die sonst mit ihrem Label „Genusswolke" auf feinste Chutneys und Gelees abonniert ist, hat sich für uns etwas ganz Besonderes ausgedacht: einen köstlichen Tomaten-Brotaufstrich, der einfach himmlisch gut schmeckt!

300 g Tomaten
frische oder getrocknete Kräuter nach Wahl
70 g Karotten
70 g Sellerie
1 Bio-Orange
50 g Bio-Rohrohrzucker
1 TL Apfelessig oder weißer Balsamico
Salz

Backofen auf 170 Grad (Umluft 150 Grad) vorheizen. Tomaten waschen, halbieren, Strunk herausschneiden und die Tomaten mit der Schnittfläche nach oben auf ein mit Backpapier ausgelegtes Backblech setzen. Salz und Kräuter mischen und über die Tomaten streuen. Im Backofen etwa 20–30 Min. garen.

Karotten und Sellerie waschen, putzen und in Scheiben schneiden. Orange filetieren, dabei den Saft auffangen. In einem Topf den Zucker unter Rühren langsam erhitzen. Wenn er dickflüssig wird, den Orangensaft und die Orangenfilets hinzugeben. Weiter rühren, bis der Zucker ganz aufgelöst ist. Karotte und Sellerie hinzugeben und so lange rühren, bis das Gemüse weich gegart ist.

Das Gemüse mit einem Pürierstab nach Belieben pürieren – wird es nur kurz püriert, hat die Tomaten-Gemüse-Paste mehr Biss. Balsam- oder Apfelessig unterrühren und noch einmal mit Salz und Kräutern abschmecken.

In mit kochendem Wasser ausgespülte Gläser abfüllen und sofort verschließen. Oder einfach in ein schönes Glas füllen und im Kühlschrank aufbewahren – dann sollte die Paste innerhalb einiger Tage verspeist werden.

Tipp: Die Paste passt wunderbar als Dip zu Käse oder als aromatisches „Sahnehäubchen" ins Rührei.

Chutney mit grünen Tomaten

Diese Chutneyvariante in Grün schmeckt hervorragend zu Lamm und zu warmen Ziegenkäsetalern.

1 kg grüne Tomaten
1 Zwiebel
1 Chilischote
1 säuerlicher Apfel, z. B. Boskop
1 Bio-Zitrone
1 Prise gemahlene Nelken
1 Prise gemahlener Ingwer
300 g Gelierzucker 3:1
100 ml Calvados

Tomaten häuten, vom Strunk befreien, entkernen und in Würfel schneiden. Zwiebeln abziehen und fein würfeln. Apfel waschen, Kerngehäuse entfernen und Fruchtfleisch würfeln. Chilischote längs aufschneiden, Kerne entfernen und die Schote in feine Ringe schneiden. Zitrone heiß abwaschen, mit Küchenpapier abtrocknen, etwa 1 TL Schale fein abhobeln. Den Saft einer halben Zitrone auspressen. Zitronensaft und -abrieb mit den anderen Zutaten in einen hohen Kochtopf geben. Bei mittlerer Hitze 30–40 Min. köcheln lassen, dabei gelegentlich umrühren. Wenn die Früchte weich sind und die Masse dickflüssig geworden ist, die Marmelade in heiß ausgespülte Gläser füllen und sofort verschließen. Gläser auf den Kopf stellen und abkühlen lassen.

Tipp: Grüne, unreife Tomaten sind ungenießbar und enthalten deutlich mehr vom giftigen Solanin, als ausgereifte rote Tomaten. Das Alkaloid Solanin wird aber durch Hitze zerstört. In gekochten Marmeladen, Gelées und Chutneys sind grüne, unreife Tomaten also gesundheitlich unbedenklich.

Marinas Tomaten-Aprikosen-Chutney

Dieses fruchtig-würzige Chutney aus dem Jam-Lab, der professionellen Versuchsküche von Marina, schmeckt wunderbar zu gegrilltem Fleisch und Gemüse.

500 g Tomaten
300 g frische Aprikosen
1 große Zwiebel (ca. 100 g)
200 g Rohrohrzucker
100 ml Weißweinessig
1 Msp. Cayennepfeffer
½ TL geriebene Muskatnuss
Salz

Tomaten waschen, Strunk und Kerne entfernen und Fruchtfleisch in Würfel schneiden. Aprikosen waschen, halbieren, Kerne entfernen und das Fruchtfleisch würfeln. Zwiebeln häuten und fein würfeln.

Rohrohrzucker, Weißweinessig, Salz und Muskat in einem Topf unter Rühren zum Kochen bringen. Wenn der Zucker karamellfarben wird, die Zwiebelwürfel hinzugeben und einige Min. unter Rühren weiterkochen. Tomaten und Aprikosen unterheben und bei schwacher Hitze weich dünsten, bis die Masse eine marmeladige Konsistenz annimmt. Mit Cayennepfeffer und etwas Salz abschmecken.

Marmeladengläser und Deckel in kochendem Wasser auskochen, das Tomaten-Aprikosen-Chutney heiß randvoll in die Gläser füllen, diese sofort verschließen und auf den Kopf stellen.

Tipp: Am besten kocht man die Gläser direkt vor dem Einfüllen aus und nimmt sie erst kurz vorher aus dem heißen Wasser. So sind die Gläser sauber und ebenso heiß wie das Einfüllgut.

Petras sonnengelbe Tomatensauce

Tomatensauce muss ja nicht immer rot sein. Diese sonnengelbe Variante von Hobbyköchin und Weinkennerin Petra verwandelt jede Pasta zu einem feinen Mahl für Gäste. Sie empfiehlt zu diesem Gericht einen leichten Rotwein.

1 kg gelbe Tomaten
3–5 Stängel Basilikum
1 Gemüsezwiebel
5 Knoblauchzehen
1 Msp. Chilipulver
1 TL Honig
2 EL Olivenöl
Salz und Pfeffer nach Geschmack

Tomaten waschen, halbieren, Strunk und Kerne entfernen, Fruchtfleisch klein schneiden. Zwiebel und Knoblauch häuten und fein hacken. Basilikum waschen, Blättchen abzupfen und in Streifen schneiden. Zwiebel und Knoblauch in Öl anbraten, die Tomaten dazugeben und köcheln lassen, bis sie weich sind. Dann mit dem Zauberstab pürieren.
Wenn die Soße zu dünn ist, noch etwas einkochen lassen. Zum Schluss mit Salz, Pfeffer, Chili und Honig abschmecken, Basilikum einstreuen und kurz ziehen lassen.

Tipp: Die Tomatensauce ist im Kühlschrank 2–3 Tage haltbar. Wer sie länger lagern will, sollte sie portionsweise einfrieren.

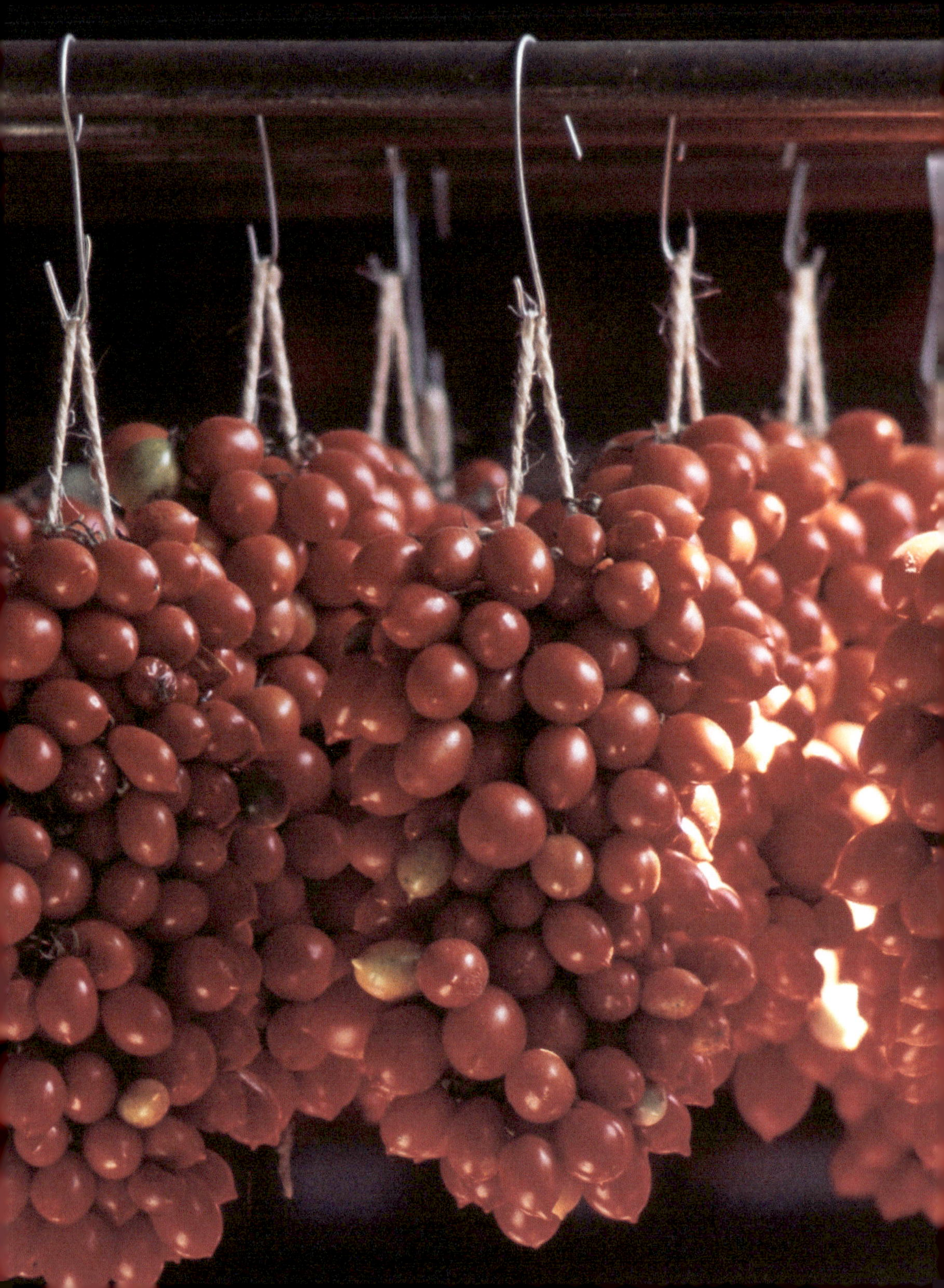

Ketchup mit gegrillter Paprika

Die aromatische Süße der gerösteten Paprika und des geräucherten Paprikagewürzes macht diese Ketchupvariation zum perfekten Dip für alles, was vom Grill kommt: Chickenwings, Steak, Bauchfleisch, Röstbrot, Kartoffeln in Alufolie oder Gemüsespieße.

2 kg reife Fleischtomaten
1 kg rote Paprika
400 g Schalotten
2 rote Chilischoten
je 3 Zweige Oregano und Thymian
1 Zweig frischer Rosmarin
3 Lorbeerblätter
1 TL geräuchertes Paprikapulver (Pimenton de la vera)
500 g Gelierzucker 2:1
300 ml Rotweinessig
1½ EL Salz
1 EL Pimentkörner
1 EL schwarzer Pfeffer

Backofen auf 200 Grad (Umluft 180 Grad) vorheizen. Tomaten häuten, vom Strunk befreien, entkernen und in Spalten schneiden. Paprika waschen, vierteln und entkernen. Mit der Hautseite nach oben aufs Backblech legen und 10–15 Min. grillen, bis die Haut Blasen wirft und schwarze Stellen bekommt. Paprika aus dem Ofen nehmen und mit einem feuchten Küchenhandtuch abdecken. Wenn man nach einigen Min. das Tuch abnimmt, lässt sich die Paprikahaut ganz leicht abziehen.

Schalotten schälen und hacken. Chilischoten längs aufschneiden und in Ringe schneiden. Pfeffer, Piment und Lorbeer in ein Gewürzsäckchen füllen und verschließen. Kräuter mit Küchengarn zusammenbinden. Alle Zutaten mit Essig und Salz aufkochen und etwa eine Stunde unter gelegentlichem Rühren köcheln lassen.

Kräuter und Gewürzsäckchen entfernen. Paprikapulver einstreuen, die Masse pürieren und Gelierzucker unterrühren. Aufkochen, dabei gelegentlich umrühren und 4 weitere Min. sprudelnd kochen lassen.

Ketchup sofort randvoll in heiß ausgespülte Schraubgläser füllen und verschließen. Die Menge ergibt etwa zehn Gläser zu je ¼ Liter oder fünf 500-ml-Flaschen.

Kinderleichter Curryketchup

Homemade statt Heinz: Selbst gemachter Tomatenketchup enthält keine künstlichen Aromastoffe, Konservierungsstoffe oder versteckte Zuckerbomben.

1 kg Aromatomaten
1 kleine Dose Tomatenmark
3 Zwiebeln
1 EL brauner Zucker
1 EL Currypulver
1 Prise Ingwerpulver
2 EL Weißweinessig
1 TL Salz
Pfeffer nach Geschmack

Tomaten häuten, entkernen, Strunk entfernen und das Fruchtfleisch in Stücke schneiden. Zwiebeln abziehen und hacken. Alle Zutaten mit den Zwiebeln und Tomaten in einen Topf geben und 30–40 Min. köcheln lassen.

Die Masse durch ein Küchensieb streichen und die Flüssigkeit in einem Topf auffangen. Mit Gewürzen abschmecken und kurz aufkochen, bis die Tomatensoße sämig wird.

Ketchup in heiß ausgespülte Gläser oder Flaschen füllen (z. B. 500-ml-Sahne- oder Milchflaschen). Sofort heiß verschließen und abkühlen lassen. Dann im Kühlschrank lagern, dort hält sich der Ketchup 2–3 Wochen.

Tipp: Wer lieber mit Honig süßt, tauscht den Zucker je nach Geschmack gegen 1–2 EL Honig aus. Sehr aromatisch schmeckt zum Beispiel Rosmarin- oder Thymianhonig.

Süßes Schneewittchen-Gelee

Ein feines Gelee, das mit seiner zarten Farbe besonders schön im Glas aussieht. Die Herstellung braucht zwar etwas Zeit – aber die lohnt sich!

1,5 kg weiße Tomaten
3 Zweige (Zitronen-) Thymian
1 Limette
750 g Gelierzucker 2:1
1 Päckchen Gelierpulver

Tomaten waschen, Strunk und Kerne entfernen und das Fruchtfleisch würfeln. Thymian waschen, Blättchen abzupfen und hacken. Limette auspressen. Tomaten und Thymian pürieren, mit Limettensaft und 500 g Gelierzucker vermengen. Ein spitz zulaufendes Sieb in eine hohe Schüssel stellen. Ein Leinentuch ins Sieb legen, die pürierte Masse hineingießen und die Enden des Tuchs fest zubinden. Die Schüssel über Nacht in den Kühlschrank stellen. Ab und zu herausnehmen und das Tuch fest ins Sieb drücken, um zusätzlichen Saft herauszupressen.

Am nächsten Tag den abgetropften Saft in einen Messbecher füllen. Wenn die Flüssigkeit weniger als einen Liter beträgt, den Rest nachträglich ausdrücken. Den Saft in einen Topf gießen, mit dem restlichen Gelierzucker und dem Gelierpulver zum Kochen bringen. 5 Min. köcheln lassen und eine Gelierprobe machen. Noch heiß in ausgespülte Schraubgläser füllen und gut verschließen. Die Gläser auf den Kopf stellen und abkühlen lassen. Dann im Kühlschrank aufbewahren.

Tipp: Das süße Tomatengelee schmeckt sehr gut als Aufstrich für frisches Bauernbrot und als Dip zu Gegrilltem, Ziegenkäse oder Büffelmozzarella.

Tomaten-Lavendel-Marmelade

Nicht jeder mag den Geschmack von Lavendel. Aber dieses feine Marmeladen-Rezept von unseren Freunden aus der Provence muss man einfach probiert haben!

2 kg Tomaten
2 kg Gelierzucker 1:1
3 Bio-Zitronen
5–6 Lavendelzweige mit Blüten

Tomaten häuten, halbieren, Strunk entfernen und das Fruchtfleisch entkernen. Zitronen heiß abwaschen und den Saft auspressen. Lavendelzweige abbrausen, zwei Zweige in fingerlange Stücke schneiden und als Deko zur Seite legen. Alle Zutaten in einen hohen Topf geben und zum Kochen bringen. Bei geringer Hitze etwa eine Stunde köcheln lassen, bis die Tomaten zusammenfallen und die Mischung eine geleeartige Konsistenz bekommt. Lavendelzweige herausnehmen.

Die flüssige Marmelade in heiß ausgespülte Schraubgläser füllen und je einen Lavendelzweig hineingeben. Die Gläser gut verschließen, auf den Kopf stellen und und abkühlen lassen. Dann im Kühlschrank lagern.

Tipp: Die provencalische Marmelade schmeckt wunderbar mit Frischkäse auf frischen Brötchen.

Tomaten-Schoko-Marmelade

Ein köstlicher Brotaufstrich für Schokoladenfans. Am besten mit frischem Baguette oder Bauernbrot genießen!

2 kg rot-schwarze Tomaten (z. B. Black Prince)
2 kleine rote Chilischoten (getrocknet)
1 Bio-Orange
1 Bio-Zitrone
1 kg Gelierzucker 2:1
1 Tütchen Geliermittel 2:1
1 Vanilleschote
40–50 g dunkle Schokolade (mind. 75 %)

Tomaten häuten, halbieren, Strunk und Kerne entfernen und das Fruchtfleisch würfeln. Tomatenwürfel in einem großen Topf mit Gelierzucker verrühren, etwa eine Stunde stehen lassen.

Vanilleschote längs aufschneiden und das Mark herauskratzen. Schote, Mark und Chilischoten zu den Tomaten geben. Den Topf mit den Tomaten auf den Herd stellen und zum Kochen bringen. Zitrone und Orange heiß abwaschen, mit Küchenpapier trocknen. 2 EL Orangenschale und 1 EL Zitronenschale fein abhobeln. Den Saft einer Zitronenhälfte auspressen und zur kochenden Masse geben. Etwa 5 Min. sprudelnd kochen lassen, danach Vanille- und Chilischoten entfernen.

Die restlichen Zutaten im Topf mit einem Pürierstab zerkleinern und durch ein Sieb streichen. Schokolade in kleine Stücke hacken oder raspeln. Schokoladenstückchen unter die Masse mischen, in heiß ausgespülte Einmachgläser füllen und sofort verschließen. Die verschlossenen Gläser auf den Kopf stellen und abkühlen lassen. Danach im Kühlschrank lagern.

Tipp: Wenn die Marmelade zu flüssig sein sollte, ein Päckchen Geliermittel zugeben und nochmal 3–4 Min. einkochen lassen.

Konfitüre aus grünen Tomaten

Nicht nur im Feinkostgeschäft, auch im Supermarkt gibt es eine riesige Auswahl an Marmeladen – zum Beispiel Kiwi, Orange, Hagebutte, Mango oder Stachelbeere. Doch nirgends ist Marmelade von Tomaten zu haben. Dabei schmeckt sie so köstlich zu frischen Brötchen oder einem Stück Gugelhupf!

750 g grüne Tomaten
1 Birne
1 Apfel
1 Bio-Zitrone
100 ml Apfelwein
1 Prise Zimt
500 g Gelierzucker 2:1
1 Tütchen Geliermittel

Tomaten waschen, Strunk und Kerne entfernen und das Fruchtfleisch in Würfel schneiden. Apfel und Birne waschen, halbieren, Stiele und Fruchtgehäuse entfernen und die Früchte würfeln. Zitrone heiß abwaschen, mit Küchenpapier abtrocknen, etwas Schale fein abhobeln und die Frucht auspressen.

Tomaten und Früchte mit einem Passiergerät zu Mus verarbeiten. Gelierzucker, Zimt, Zitronensaft, die abgehobelte Zitronenschale und Apfelwein unterrühren und die Mischung zum Kochen bringen.
Geliermittel einrühren und die Mischung 4 Min. sprudelnd weiter kochen. Anschließend die Konfitüre in heiß ausgespülte Einmachgläser füllen, gut verschließen und auf den Kopf stellen.

Tipp: Die Tomatenmarmelade in Apfelgrün veredelt nicht nur das Frühstücksbrötchen, sondern auch würzigen Käse.

Tomaten-Johannisbeer-Konfitüre

Hier verdelt das süß-säuerliche Aroma der Johannisbeeren die Tomatenkonfitüre.

500 g Aromatomaten
500 g rote Johannisbeeren
1–2 Bio-Zitronen
1 kg Gelierzucker 1:1

Tomaten häuten, halbieren, Strunk und Kerne entfernen und das Fruchtfleisch klein schneiden. Johannisbeeren abbrausen, in einem Küchensieb abtropfen lassen und vorsichtig die Früchte abzupfen. Die Beeren mit 500 g Gelierzucker vermischen und 3–4 Stunden durchziehen lassen. Aus den Zitronen Saft in der Menge von 7 EL auspressen.

Beeren und Tomaten in einen hohen Kochtopf geben. Restlichen Gelierzucker und Zitronensaft unterrühren. Unter ständigem Rühren zum Kochen bringen und 4 Min. sprudelnd kochen lassen.

Konfitüre randvoll in heiß ausgespülte Schraubgläser füllen. Gläser gut verschließen, auf den Kopf stellen und abkühlen lassen.

Tipp: Kühl und dunkel aufbewahrt, hält die Konfitüre etwa zwei Jahre.

Tomatensalz

Aromatisiertes Salz wird im Feinkostladen für einen stolzen Preis angeboten. Dabei lässt es sich im Nu ganz einfach selbst machen.

400 g getrocknete Tomaten (ohne Öl)
400 g grobes Meersalz

Backofen auf 50 Grad (keine Umluft!) vorheizen. Tomaten fein hacken und mit dem Salz vermischen. Auf einem mit Backpapier ausgelegten Blech verteilen und im Backofen auf der mittleren Schiene eine Stunde trocknen lassen.

Tipp: In hübsche Schraubgläser gefüllt, ist das Tomatensalz ein schönes Gastgeschenk für Gerneköche.

Tomaten-Kräuterbutter

Die aromatisierte Butter ist ideal zu Gegrilltem und Folienkartoffeln oder zum Verfeinern von Risotto. Sie schmeckt aber genauso gut zu Laugengebäck oder frischem Bauernbrot.

10–12 getrocknete Tomaten
½ Bund Basilikum
½ rote Peperoni
1–2 Knoblauchzehen
250 g weiche Butter
Salz und Pfeffer nach Geschmack

Tomaten in kleine Würfel schneiden. Basilikum waschen, Blättchen abzupfen und klein hacken. Peperoni längs halbieren, Kerne entfernen und eine Peperonihälfte in feine Streifen schneiden. Knoblauch abziehen und mit einer Gabel zerdrücken.

Alle Zutaten in eine Schüssel geben und sorgfältig miteinander verrühren. Mit Salz und Pfeffer abschmecken. In dekorative, kleine Schälchen füllen und bis zum Servieren in den Kühlschrank stellen.

Tipp: Wer die Peperonischärfe nicht mag, kann die Peperoni gegen gehackte Kapern oder Oliven austauschen. Die Tomaten-Kräuterbutter hält eine kleine Ewigkeit, wenn man sie portionsweise einfriert oder sie zum Beispiel in einen Eiswürfelbehälter füllt.

Ofengetrocknete Oberräder Tomaten

Allein der Duft, der sich beim stundenlangen Trocknen der Ofentomaten in der Küche entfaltet, ist die kleine Energiesünde wert. Immerhin müssen die Paradiesäpfel mindestens fünf Stunden im Backofen garen. Erst dann entsteht das konzentrierte Tomatenaroma, mit dem sich viele Gerichte verfeinern lassen.

1–1,5 kg Tomaten
je 1 TL getrocknete Kräuter: Thymian, Oregano, Basilikum
3–4 EL Salz

Backofen auf 50 Grad vorheizen.
Tomaten halbieren, vom Strunk befreien und mit der Schnittfläche nach oben auf ein mit Backpapier ausgelegtes Blech setzen. Salz und Kräuter mischen und über die Tomaten streuen. Tomaten im Backofen auf mittlerer Schiene 5–8 Stunden trocknen lassen. Dabei die Ofentür einen Spalt breit offen lassen – am besten einen Holzlöffel in die Tür klemmen. Die Menge ergibt etwa 300–400 g getrocknete Tomaten.

Tipp: Im Gegensatz zu industriell getrockneten Tomaten bleibt meist etwas Restfeuchtigkeit in den hausgemachten. Das macht sie anfällig für Schimmelpilze. Deshalb selbst getrocknete Tomaten immer trocken aufbewahren. Wer sichergehen will, sollte sie möglichst bald weiterverarbeiten und zum Beispiel mit Knoblauch in Öl (siehe Bild) einlegen.

Wichtig: Die Tomaten sollten immer mit einer Ölschicht bedeckt sein, so können sie nicht schimmeln und halten sich mehrere Monate.

Tomatensugo

Von Mai bis September sind Tomaten aus der Region zu haben – herrlich aromatisch und sehr preiswert. Da lohnt es sich, gleich mehrere Kilo Tomaten zu Sugo zu verarbeiten und portionsweise einzufrieren. So ist das ganze Jahr über eine köstliche Tomatensauce parat.

1–2 kg Flaschen- oder Fleischtomaten, ersatzweise italienische Tomaten aus der Dose
1 Zweig Oregano, ersatzweise 2 TL getrocknet
1 Stängel Basilikum oder Rosmarin, ersatzweise 1 TL getrocknet
1 Zwiebel
2 Lorbeerblätter
2–3 Knoblauchzehen
125 ml Gemüsebrühe
Rotwein nach Geschmack
2 EL Olivenöl
Salz und Pfeffer nach Geschmack

Tomaten waschen und den Stielansatz herausschneiden. Tomaten vierteln. Zwiebel und Knoblauch abziehen und grob würfeln. Oregano und Basilikum abbrausen und Blättchen abzupfen.

Olivenöl in einem hohen Topf erhitzen, Zwiebelstücke und Knoblauch darin andünsten. Oregano zugeben, kurz mitdünsten. Tomaten und Gemüsebrühe zugeben und verrühren. Mit Salz und Pfeffer abschmecken.
Wer mag, kann Rotwein hinzugeben.

4–5 Stunden auf kleiner Flamme einkochen lassen, dabei regelmäßig umrühren. Noch mal mit Salz und Pfeffer abschmecken. Kalt werden lassen, portionsweise in Gefrierboxen füllen und im Tiefkühlschrank aufbewahren.

Tomaten-Walnuss-Pesto

Pesto (ital. „pestare" – zerstampfen) ist eine pastenartige, ungekochte Würzsauce, mit der sich zahlreiche Gerichte verfeinern lassen. Unser Tomatenpesto mit Walnusskernen ist ein herrlich aromatisches i-Tüpfelchen für Bruschetta und Gegrilltes. Oder einfach einen großen Klecks auf gekochte Spaghetti geben und mit frisch geriebenem Parmesan bestreuen – fertig ist ein schnelles Essen!

100 g getrocknete, eingelegte Tomaten
½ getrocknete Chilischote
2 Knoblauchzehen
100 g Parmesan
40 g Walnusskerne
10 – 12 EL Olivenöl
Salz und Pfeffer nach Geschmack

Tomaten klein schneiden, Knoblauch abziehen und fein würfeln. Chilischote entkernen und in dünne Ringe schneiden. Walnusskerne in einer fettfreien Pfanne anrösten (Vorsicht, nicht anbrennen lassen!) und hacken. Parmesan reiben. Alle Zutaten in einen hohen Mixbecher geben, Öl hinzufügen und pürieren. Mit Salz und Pfeffer abschmecken. Falls das Pesto zu fest ist, noch etwas Öl einrühren.
In ein heiß ausgespültes Schraubglas füllen und mit einer dünnen Schicht Olivenöl bedecken. Im Kühlschrank hält sich das Pesto etwa eine Woche.

Tipp: Einige Esslöffel unseres Pestos mit frischem Ricotta und Basilikum verrühren – so lässt sich in Sekundenschnelle ein köstlicher Brotaufstrich oder Dip zaubern. Allergiker können die Walnüsse durch Mandeln ersetzen.

Danke!

Auch ein Kochbuch entsteht selten allein. Bei meinem jüngsten Werk hat mich gleich ein ganzes Dutzend netter Menschen unterstützt, damit aus diesem Buch – meinem Geschenk zu Heidis 50. Geburtstag – das beste Tomatenkochbuch des Jahres werden konnte.

Einen ganz herzlichen Dank an Anita und Hans Kohl vom Laden 26 (www.laden26.de). Dort konnten Fotograf Markus Kirchgessner und ich nach Herzenslust wunderschöne Kochutensilien und Tischaccessoires für unsere Fotoshootings auswählen. Dabei ist nichts zu Bruch gegangen, aber einiges für unsere privaten Haushalte erworben worden. Ein Bummel in der Offenbacher Kaiserstraße 26 lohnt sich! Cornelia Helle, hab Dank für deine große Küche, die Markus und mir viele Male als Fotostudio diente.

Auch ein herzliches Dankeschön an Rosmarie Reininger fürs unermüdliche Einkaufen, Kochen und Testessen. Küsschen an Uwe Kauß für seine wertvollen Weintipps. Merci und Mille Grazie an Petra Cordes vom Weinladen Tours des Vins (www.tour-des-vins.de), Konstanze Schneider und Andrea L'Abbate (www.labbate.de) für ihre Lieblingstomatenrezepte. Muchas Gracias, liebe Marina Cactas! Du hast mir herrliche Rezepturen deiner köstlichen Chutneys und Gelees (www.genusswolke.de) verraten. Lieber Manfred Nachtigal, liebe Frau Völker-Zahn und liebe Schulmerichs vom Cocon-Verlag – habt Dank für die kulinarischen Stichproben, die treffenden Anmerkungen und das liebevolle Layout! Zum Schluss noch besten Dank an Thomas Haus, Küchenchef im Frankfurter Restaurant Goldman, fürs Ausleihen der bunten Karoservietten. Ich bringe sie bei Gelegenheit zurück, versprochen!

Susanne Reininger